VIVE LA FRANCE !

Abschied von Südfrankreich

Anna Voigt Lutz

Anna Voigt Lutz

VIVE LA FRANCE !
Abschied von Südfrankreich

Tagebuch

**Herzlichen Dank
an meinen Mann Martin, meinem treuen
Freund und Begleiter. Mit ihm wurde das
Wagnis Frankreich erst möglich. Die
Erlebnisse und Herausforderungen in dieser
Zeit haben unser gemeinsames Leben sehr
bereichert.**

Impressum

Umschlagbild (Tiefdruck auf Milchpackung) und Layout: Anna Voigt Lutz
Fotos: Anna Voigt Lutz und Martin Lutz
Herstellung und Verlag: BoD - Books on Demand, D-Norderstedt
© 2022 Anna Voigt Lutz
Kontakt: annaschreibt@gmx.ch

ISBN: 9783755709688

GOTT SCHUF DIE ZEIT –
VON DER EILE HAT ER NICHTS GESAGT

Französisches Sprichwort (vermutlich)

Mit dem PW, dem Wohnmobil, auf dem Motorrad oder im Zug; zu zweit, alleine, mit und ohne Hund; auf Umwegen, mit Übernachtung(en) oder in direkter Fahrt...

...in 27 Jahren haben wir mehr als 180'000 Kilometer zurückgelegt auf unseren Fahrten von Zürich nach Südfrankreich und zurück - das entspricht etwa dem vierfachen Erdumfang.

10. April 2017

Gemächlich fahre ich mit dem vollgeladenen Auto-Anhänger in die rund 12 Kilometer entfernte Abfallsammelstelle, die *Déchetterie* in *SALINDRES*.

Wir sind am Aufräumen und Ausmisten.

Wir können kaum glauben, was sich in bald 27 Jahren so alles angesammelt hat. Und wenn man unsere Tendenz, nichts wegzuwerfen was noch zu gebrauchen ist (oder vielleicht einmal zu gebrauchen sein könnte) dazurechnet, versteht man, dass wir eigentlich seit zwei Sommern am Räumen sind.

Wie gewohnt steht der kleine Dicke mit einem filterlosen erloschenen Zigarettenstummel zwischen Zeige- und Mittelfinger beim *Entrée*, den Blick auf den Papierblock gerichtet, den er auf seinem Bauch-Balkon abstützt und sagt: *Bonjour Monsieur, quelle commune s'il vous plaît?* Ich sage nichts und warte bis er mich anblickt. *Oh pardon, c'est l'habitude...* sagt er entschuldigend. Ich lache (denn ich bin eindeutig eine *Madame*) und sage *St. Jean de Valériscle...* und nach kurzer Pause greife ich dem mir wohlbekannten Prozedere vor: *un peu de tout....* denn seine nächste Frage wäre wie immer: *qu'est-ce-que vous avez?* Ganz ohne Kontrolle lässt er mich allerdings nicht durchfahren und schreitet wie ein Schiefhals das Auto und den Anhänger ab, macht sich Notizen und murmelt vor sich hin *gravats, bois, tuiles, métal, verre*. Wie jedes Mal lasse ich mir geduldig erklären, in welcher Reihenfolge die verschiedenen Container aufgestellt sind, manövriere um die verschiedenen Autos mit französischen Nummernschildern und verbeulten Anhängern herum und bin froh, dass ich kein Rückwärtsmanöver fahren muss mit meinem *remorque*, denn das hat mir schon öfters den Schweiss auf die Stirn getrieben. Beim letzten Teil meiner Ladung, einer schweren Holztüre, kommt ein Mann auf mich zu und fragt *vous avez besoin un coup de main, Madame?* Er lächelt nett und sein Charme bringt auch mich wieder in bessere Laune. Seine Zuvorkommenheit steht heute für mich allerdings in krassem Gegensatz zum französischen Fahrstil auf der Strasse, der mir wieder einmal mehr bei der Hinfahrt aufgefallen ist: da wird gehupt, knapp überholt, bis auf ein paar Zentimeter hinten ran gedrückt und kein Reissverschluss gewährt.

Und ich seufze innerlich wie so oft in letzter Zeit: Ach, diese Franzosen!

Beim Nachhauseweg muss ich noch schnell einkaufen im *U-Express* bei *LES MAGES*, dort kann ich gut parken mit dem Anhänger, ich weiss inzwischen wo und wie ich ranfahren muss, um wieder ungehindert wegzukommen. Ich brauche noch Brot, Panaché, Soja-Joghurt und den guten biologischen Rotwein im 3-Liter-Karton. Der französischen Gemächlichkeit habe ich mich in den letzten Jahren ergeben. Ein Schwatz mit der Kassierin, ohne Hetze, alles einpacken, dann geht's langsam ans Zahlen. Nur keine Eile! Wenn ich viel Ware im Einkaufswagen habe und jemand mit zwei oder drei Sachen im Arm hinter mir ansteht, lasse ich ihn meist vor. Grosse Augen schauen mich erstaunt an, manchmal heisst es *non non, merci, j'ai du temps...*, meistens aber bekomme ich ein überschwängliches *merci beaucoup Madame, c'est très gentil* zu hören! Mir selbst ist das allerdings noch nie passiert - offensichtlich macht man das nicht in Frankreich. Ausser im Strassenverkehr geht es hier gemütlich zu und her. Wir haben Zeit! Man sollte zum Beispiel niemals zwei Menschen unterbrechen, welche sich in einem Gespräch befinden. Warte geduldig, bis die Konversation beendet ist, erst dann darfst du fragen, wo sich denn wohl die Acryl-Kartuschen befinden im do-it-yourself Supermarkt *MONSIEUR BRICOLAGE...* und beginne unbedingt jegliche Konversation mit *Bonjour Madame* oder *Bonjour Monsieur,* dann ein kurzes Lächeln, bevor du mit deinem Anliegen beginnst. Die Höflichkeit ist hier – zumindest auf sprachlicher Ebene – *indispensable!*

11. April 2017

Mein Mann Martin und ich, wir müssen uns beeilen, denn heute möchten wir auf der *Mairie* von *St. JEAN DE VALÉRISCLE* vorbeischauen. Schon länger möchten wir wissen, welche von unseren Landparzellen *constructible* ist und welche nicht. Das ist für uns wichtig, denn wir möchten unser Anwesen, bestehend aus 3 Häusern und total 8000 m2 Land, verkaufen. Bis vor wenigen Tagen hatten wir die Absicht, uns nur vom grossen Haus zu trennen und das kleine *Mazet* mit dem neu erbauten *Atélier* zu behalten, welches uns vor allem als Werkstatt und Übernachtungsmöglichkeit für

Gäste dienen sollte. Der Kauf ist schon lange her - vor bald 27 Jahren hatten wir uns vor allem in das *Mazet* verliebt, ein romantisches Steinhäuschen mit fantastischer Aussicht ins Tal der *Auzonnet*, und das hätten wir nun gerne noch ein paar Jahre geniessen wollen. Doch nach über 10 Monaten erfolglos verlaufenen Besichtigungen haben wir eingesehen, dass ein Verkauf schwierig oder zumindest sehr langwierig werden könnte, denn das *Mazet* ist nur knapp 100 Meter vom grossen Haus entfernt, vor allem aber ist es oberhalb gelegen. Wenn auch im Norden des nach Süden orientierten Haupthauses gelegen, so ist doch der Swimmingpool gut zu überblicken und somit auch die Badenden, und das scheint laut den mit dem Verkauf beauftragten Immobilienagenturen die Kaufinteressierten sehr zu stören. Auch die gemeinsame Einfahrt ist für manche ein Hinderungsgrund. Wir haben uns also schweren Herzens entschlossen, das ganze Anwesen zum Kauf auszuschreiben: das Haupthaus *La clochette* mit den zwei Hausteilen, das süsse kleine *Mazet* und das vor kurzem neu gebaute *Atélier*.

Als wir vor einer Woche nach der Winterpause aus der Schweiz angereist kamen, waren wir froh, keine schlimmen Schäden anzutreffen, denn die drei *Immobiliers,* die sich um den Verkauf kümmern, hatten sich im letzten Herbst als ziemlich sorglos erwiesen: offen gelassene Fenster, abgebrochene Schlüssel und Fensterladenteile, die am Boden lagen. Bei der einen Agentur behauptete die Verantwortliche doch tatsächlich, keine Hausschlüssel erhalten zu haben. Nun ja, es war dieselbe, welche uns in die Schweiz mailte, wir hätten Termiten im Haus und sollten uns möglichst schnell darum kümmern. Dieselbe, welche unsere Namen auf dem Vertrag nicht korrekt eintragen konnte. Die Hausschlüssel waren in ihrer Agentur, die Termiten entpuppten sich als Ameisen (die bekanntlich kein gesundes Holz fressen), und die Dame arbeitete sowieso - nach kurzer Anstellung - inzwischen nicht mehr in der *Agence*, was uns erst nach mehrmaligen vergeblichen Kontaktversuchen unsererseits heute per mail mitgeteilt wurde. Aber sie war wirklich nett, die *Natalie*, charmant, wie sie unser Land abschritt, die Grundstücksgrenzen sicherheitshalber nur von Ferne beäugte wegen der high-heels an ihren Füssen. Ihr Partner ist uns bekannt, er ist einer der ehemaligen Bürgermeister von *St .JEAN DE VAL*. Einer, der sich bemühte um Verbesserungen in der Kommune. Einer mit offenem Blick und jemand, der die Hügel am Wochenende höchstpersönlich abwanderte und die Bewohner und Bewohnerinnen mit Handschlag begrüsste und sich nach ihrem Befinden erkundigte. Nach 2 Jahren war er jedoch nervlich am Ende und demissionierte. Man sagt, es hätte seit langem im Dorf eine eingeschworene *équipe ancienne*, die um ihre Vorteile fürchtete und den armen Monsieur *Puso* solange mobbten, bis er aufgab. Auch der vorangegangene *Maire* hatte nach wenigen Jahren entnervt aufgegeben. Die aktuelle *Madame le Maire* (bei unseren französischen Nachbarn in despektierlichem Ton *Mairesse* genannt) ist eine zwar engagierte Einwohnerin, die sich bisher um kulturelle Angelegenheiten kümmerte wie die Bibliothek, die dorfeigene Internetseite oder die vereinzelte Computerkurse gab. Diese vordergründig forsch auftretende *Cathy* scheint allerdings eine Art Marionette zu sein, welche von der *équipe ancienne* vorgeschoben wird. Bei unserem letzten Treffen (wir wurden eingeladen, um die Zufahrt zu einer unserer Landterrassen zu besprechen) hing sie in ihrem Stuhl und fingerte an ihrem Handy herum, währenddem der Bruder des ex-ex-ex Maires (der noch heute im Hintergrund die Fäden zieht), Monsieur *Hillaire*, das Gespräch führte. Seine unangenehme Art bei den seltenen Blickkontakten entsprach seinem herrischen Ton und der irrwitzigen Forderung, wir sollten die Zufahrt zu unserer untersten Terrasse wieder zumauern; diese hatten wir anlegen müssen, um eine vor 2 Jahren zusammengebrochene Mauer wieder aufbauen zu lassen. Wir wussten von diesem *quasi-quasi Maire* von einem früheren informellen Gespräch, dass wir diese Forderung einem Nachbarn zu verdanken hatten, der Angst hatte, dass bei den nächsten Regenfällen, den berüchtigten *épisodes cévenols*, das Regenwasser über unsere Zufahrt hinab fliessen könnte, über die Strasse, und auf seinem unterhalb gelegenen Land Schaden anrichten würde. Auch wenn wir mit diesem Nachbarn noch am Vorabend mit einem *Pastis* angestossen hatten – es wäre ihm nicht in den Sinn gekommen, mit uns seine Bedenken zu besprechen, damit wir eine Lösung hätten finden können. Leider ist diese Episode nicht die Einzige, bei der wir die sehr indirekte Art der Kommunikation einiger französischer Nachbarn zu spüren bekamen...

Bienen haben es sich im Mazet während unserer Abwesenheit gemütlich gemacht. Eine ungefährliche Beobachtung mit einem Abstand von Fensterglas! Wir machten Imker ausfindig, welche sie gerne «abholten».

Also, wir steigen die geschwungene Betontreppe hoch und öffnen die schwere 3 Meter hohe Holztüre zur *Mairie*, konserviert durch zwanzig Farbschichten des undefinierbaren rosa-beigenen Farbtons, welche die nächsten Jahrhunderte jedes Schlechtwetter abhalten werden. Und wir haben Glück, keine anstehenden Einwohner vor dem Schalter, und was mich sehr erleichtert: das Plakat im Vierfarbendruck, wo junge Franzosen und Französinnen animiert wurden, für *seulement 1 Euro!* auf die Jagd gehen zu können, ist nicht mehr da. Ein jugendlich wirkender Jäger in Vollmontur war darauf zu sehen gewesen, umrahmt von einem Mädchen und einem Burschen, denen die Freude auf die bevorstehenden Schiessversuche in freier Natur ins Gesicht geschrieben stand. Einzige Bedingung: älter als 16 sollte man/frau sein.

Wir werden von einer der beiden sehr jungen Angestellten freundlich nach unserem Anliegen gefragt. Im *Lettre de la Mairie* hatten wir bereits gelesen. dass es neue Angestellte zu begrüssen gäbe, die ältere Erfahrene hatte sich anscheinend in eine andere Kommune verzogen und arbeitet nicht mehr hier. *Oh, désolé, l'internet ne fonctionne pas*, flötet die Mademoiselle. Und auch sonst sei sie nicht auf dem Laufenden was unsere Frage nach dem *secteur* betrifft, aufgrund dessen die *ADS* in *ALÈS* eventuell unsere Anfrage betreffend Bauland beantworten könnte. Die Zuständigkeiten seien komplex... *DDTM* ... *SAT-conforme* ... *indications zones constructibles* ... *NBR* ... uns schwirrt der Kopf. *Certificat d'urbanisme opérationelle,* das hatte uns der Immobilienhändler beim *TUC* geraten, das gelte es zu verlangen, damit könne man sich absichern, weil ja im Moment alles in Änderung begriffen sei. Und Präsidentschaftswahlen seien ja auch bald, und dann sei ja vielleicht sowieso wieder alles anders.

Das Gemeindeblümchen gibt uns den hilflosen Rat, dass wir unser *projet* einfach mal einreichen sollen, dann würden wir ja vermutlich erfahren, ob es sich um Bauland handle oder nicht. Wir haben aber gar kein Bauprojekt, wir möchten es einfach gerne wissen! Sie starrt auf ihrem Computer bei den internen Dateien und sagt, dass wir ziemlich sicher im *secteur B* seien, das müsste stimmen, murmelt sie, *normalement.* Sie druckt uns noch ein Informationsblatt aus. Auf unsere Frage, ob das denn jetzt und heute Gültigkeit habe, lächelt sie und sagt: *non, ça vaut rien, c'est cuit...* und dass sie schon seit Monaten warten auf den Bescheid von anderer Stelle, *désolé, Messieurdame, pour nous c'est aussi difficile, parce qu'on peut rien dire a ce moment...*. Inzwischen hat sich die zweite junge Dame hinter sie gestellt und gibt Rückendeckung. Beide machen eine bedauernde Mine und geben zu verstehen, dass sie uns verstehen. Es ist mir nicht möglich, meinem Ärger Luft zu machen, nicht bei diesen netten jungen Mädchen und ich sage einfach *c'est la France...*, worauf wir alle mit leicht hochgezogenen Schultern und schräger Kopfstellung lachen. Unsere Koordinaten schreiben wir auf den gereichten Fresszettel und *Mademoiselle* beteuert, dass sie uns benachrichtigen wird, sobald das Internet wieder funktioniere. Das handgeschriebene Zettelchen sollte wie alle bisher von uns ausgefüllten im Schlund der französischen Bürokratie und Unverbindlichkeit der Staatsangestellten verschwinden.

Die französischen Gesetze und Regeln sind undurchschaubar. Wir haben schon Einiges erlebt in den vielen Jahren. Zum Beispiel die Abweisung eines benachbarten Bauprojektes mit der Begründung, man dürfe nicht direkt neben einer gefassten Wasserquelle bauen - doch heute steht auf derselben Stelle ein neugebautes Haus. Oder die Benachrichtigung aller Bewohner*innen in der Umgebung, es dürften keine Grünschnitte mehr verbrannt werden - wir sind dann viele Male brav mit dem *remorque* zur *Déchetterie* gefahren, jedesmal rund 25 km, dort wird es dann übrigens verbrannt. Zufällig erfuhren wir neulich, dass es auch weiterhin ein schriftliches Einverständnis der *commune* zur Verbrennung gibt, eine *Déclaration d'incinération de Végétaux*. Aber *attention*, das sei keine *permission*, man müsse sofort löschen falls die Polizei vorbeikäme. Von den französischen Steuern und seinen kreativen Auswüchsen wie zum Beispiel *Steuern auf Steuern* und nicht nachvollziehbaren Erhöhungen möchten wir gar nicht erst anfangen zu berichten.

Wir verlassen die *Mairie* und fahren die 6 Kilometer nach *St. AMBROIX*, parken auf dem sandigen grossen Parkplatz mit den vielen Schlaglöchern, denn den weiter oben gelegenen geteerten schattigen meiden wir, da man nie sicher sein kann, sein Fahrzeug wieder ohne eingeschlagene Scheiben anzutreffen. Wir begeben uns in den *tabac*, einem grossen Kiosk, bei dem in einem separierten Raum ein grosser Flachbildschirm ununterbrochen Nachrichten über Pferderennen und -wetten bekanntgibt. In dieser Ambiance trostloser französischer Bars hat es ein paar kleine Tische und Stühle, die ohrenbetäubend quietschen wenn man sie verrutscht. Aber: es hat WIFI! Auch wenn es manchmal laut zu und her geht, ist dies für uns die einfachste Art, bei einem *café noisette* unsere mails zu checken und per Internet etwas zu erledigen. Ein paar Männer kontrollieren ihre Wetten, unterhalten sich und tratschen - man kennt sich. Ein gutaussehender älterer Herr erkennt uns, aus unerfindlichen Gründen schüttelt er uns jedes Mal die Hand und fragt *ça va bien? Toujours au travail? Bonnes vacances!* Diesmal durchbreche ich das Ritual mit einem Blick Richtung Bildschirm: *Pas encore gagné, pas encore millionaire?* Er lacht und meint *alors ça.... puhh, ça c'est autre chose!*

> **Man sieht nur mit dem Herzen gut.**
> **Das Wesentliche ist**
> **für die Augen unsichtbar.**
>
> Antoine de Saint-Exupéry

12. April 2017

Heute sind *des suisses* angekündigt, sie möchten unser Anwesen besichtigen. Herr Niggli, ein Deutschschweizer mit Herkunft Oberägeri Kanton Zug und seine Frau, Jahrzehnte jünger, *originaire brasilienne*, wie sie sagt. Den Audi Q7 (Neuwert ca. 140'000 Franken) parken Sie direkt hinter dem Renault Clio von *Rosemunde*, der Immobilienvertreterin.

Bei der Besichtigung tänzelt die Brasilianerin geschickt hin und her, sie sieht ungemein gut aus mit ihren weissen Turnschuhen und den enganliegenden glitzerbestickten Jeans. Das Wichtigste sei für sie ein Pool, das sei absolut zwingend. Aber auch die beiden kleinen Häuschen gefallen ihr. Herr Niggli fragt, für wieviel das Mazet jeweils vermietet war, das war aber eher eine rhetorische Frage, um seinem alternden Hirn ein paar Happen Zahlen zu gönnen - Finanzen scheinen sein Ding zu sein.

Seine Frau wirkt spontan und offen. Sie hätten je zwei teilweise schon erwachsene Kinder und suchten etwas, um Zeit zusammen zu verbringen, bemerkt sie vertraulich. Aber eben - *les ados* bräuchten auf jeden Fall einen Pool, denn sonst sei ja wohl nichts los hier (?!). Monsieur Niggli fragt noch, wann wir denn das Ganze übergeben könnten... Juni? Juli? *Rosemunde* erklärt, dass dies von den Papieren abhänge und vor allem auch, ob er als Käufer noch die Finanzierung und Hypotheken abklären müsse. Ich denke so für mich, dass der Niggli das Ganze wahrscheinlich aus der Portokasse bezahlen könnte. Er stolpert unsicher die Steintreppen hoch und runter, vermutlich würde er sich nur vom Haus zum Pool bewegen und ansonsten schauen, dass alles in Schuss gehalten wird. Vielleicht würde er im *Atélier* einen *gardien* unterbringen, oder jeweils kurz vor seinem Blitz-Aufenthalt zwischen zwei Geschäftsterminen einen Franzosen seines Vertrauens anvisieren, um den Pool in Betrieb zu nehmen und die Wiesen rund ums Haus zu schneiden? Er sieht bleich aus, seine schütteren Haare sind rötlich-braun gefärbt, mit Gel in Reih und Glied getrimmt und halten jeder Windböe stand - trotzdem schimmert seine weisse Kopfhaut leicht durch. Hastig zieht er noch an einer letzten Zigarette, und schon ziehen die beiden weiter.

Ils ont encore d'autres visites à faire, sagt *Rosemunde* zu uns, und fast ein wenig entschuldigend meint sie, dass die Nigglis kaum vermieten würden... und sie seien nur bis Samstag hier in Südfrankreich, also noch 3 Tage. *Jusqu'e là ils se décident... je vous tiens au courant ...* und weg ist auch sie. Ich hoffe, dass die Nigglis sich nicht entscheiden für diesen Kauf. Sie werden die Nachtigallen nicht hören, die endemische Cevennen-Orchidee übersehen und die störenden Skorpione zerquetschen. Die Fledermäuse in der Dämmerung, die grossen Libellen welche gegen Abend auf Mückenjagd gehen, die Mauersegler, welche als erste am Spätnachmittag in atemberaubender Fluggeschwindigkeit die Luft durchschneiden, all das werden sie kaum wahrnehmen. Martin sagt: die beiden Jungen, die würden gut hierher passen, *Sophie et Jean-Philipp*, welche kurz vor den Nigglis das Anwesen besichtigt hatten. Sie hatten unsere private Annonce im *le bon coin* gesehen, einem französischen Gratis-Anzeiger im Internet und wir hatten - ausserhalb der *immobiliers* - die Gelegenheit, ihnen persönlich alles zu zeigen. *Sophie* erwartete ein Baby, möchte ihren Beruf zu Hause als *kinéthera-peute* ausüben können, und die Vermietungsmöglichkeit der *Gîtes* wäre ein willkommener Zustupf. Die beiden Pferde und das kleine Pony von *Jean-Philipp* hätten Auslauf auf den Landschaftsterrassen. Und seine betagten Eltern wohnten im 18 km entfernten *ALÈS,* was für ihn ebenfalls ein Pluspunkt sei. Als *Sophie* die blühenden Glyzinien sah, welche sich auf der Süd-terrasse dem Eisengeländer entlang ranken, nahm sie einen tiefen Zug und berührte zärtlich die zartvioletten Dolden, und es störte sie nicht, dass dicke schwarz-violette Holzbienen um sie herum brummten. *Jean-Philipp* dachte laut über die verschiedenen Möglichkeiten nach, wo das *cabinet* seiner Frau hinkäme, er nahm Mass bei einzelnen Türdurchgängen wegen allfälliger Rollstuhldurchgängigkeit und machte Fotos. Das war für uns schön mit anzusehen, ihr Blick schweifte über die grünen sanften Hügel mit den Olivenbäumen, man spürte, dass sie angetan waren. Aber wir wussten, dass es noch viele gute Angebote auf dem Immobilienmarkt hatte.

13. April 2017

Wir machen uns an diverse Arbeiten, welche wir noch fertigstellen wollen. Martin hat einen Plan, wie er das rund gemauerte Boilerhäuschen auf der Westseite des *Mazet* überdachen möchte, ich mache mich an einen abgebrochenen Fensterladen, er war unten bei einzelnen Lamellen durchgefault und ich wollte sehen, ob er mit vernünftigem Aufwand noch einmal zu renovieren war.

Der Himmel ist stahlblau, das saftige Grün der Wiesen, der Steineichen und Olivenbäume an den Hängen ist satt und intensiv. Die Lilien, welche ich letztes Jahr an geeignete Stellen versetzt hatte, blühen in ihrem samtigen Violett und blasslila Farbton, und die Bienen sind fleissig am Bestäuben und am Sammeln von Blütenstaub. Bei der Türe ins *Mazet* sind die wilden Thymiansträucher prall mit weissrosa Blüten am Werben, und wir machen jeweils einen kleinen Schlenker mit den Beinen beim Rein- und Rausgehen, um sie nicht zu berühren und die Bienen nicht unnötig zu provozieren. Das Knallgelb der Ginsterbüsche macht den bunten Strauss an Farben fast komplett, es fehlen nur noch Rot-Töne. Bei den Oleanderbüschen werden sie sich im Frühsommer zeigen, es sind schon viele kleine Blütenansätze erkennbar. Auch der Olivenbaum vor dem *Mazet* fühlt sich wohl, wir haben uns erst letztes Jahr daran gewagt, ihn stark zurückzuschneiden, er treibt überall neu aus und scheint sich in seiner neuen Form wohl zu fühlen.

In den zwei Wochen seit denen wir hier sind ist das Wetter traumhaft und die Temperaturen bewegen sich zwischen 20 und 25 Grad, fast zu warm für diese Jahreszeit. Wenn wir uns jeweils den Wetterbericht aus der Schweiz am Fernsehen anschauen, wird uns immer wieder bewusst, was für eine privilegierte Lage wir hier haben. Das Rumwuseln und Basteln macht uns auch nach so vielen Jahren immer noch Spass, wenn wir im Schatten der grossen Pinie die beiden Holzböcke aufstellen und uns aus der gut eingerichteten Werkstatt mit allerlei Maschinen und Material bedienen können. Handwerken ist zwar oft mühsam und anstrengend, aber es ist für uns auch immer eine Herausforderung, ein Problem mit einfachen Mitteln adäquat und doch dauerhaft lösen zu können. Da Martin und ich sehr verschiedenartige Herangehensweisen haben, ist es nicht immer gut, alles gemeinsam machen zu wollen. Es hat sich eine Art Arbeitsteilung bewährt: Martin ist eher der Mann fürs Technische wie Elektro- und Sanitär-Arbeiten und das Reparieren von Maschinen, Wasserleitungen, Toilettenspülungen und was sonst noch alles anfällt. Auch das grobe Schneiden der Terrassenflächen, Herausputzen der Gräben für ablaufendes Regenwasser, Roden von wildem Brombeer und vielem mehr ist Martins Domäne. Ich bin die Frau für Oberflächenveredelung wie Aufputze, *carrélage*, Farbanstriche und - zum Leidwesen meines Mannes - Ausbrüten von immer wieder neuen Änderungsideen und Plänen. Aber auch das Grasschneiden mit der alten Handsense, Erstellen von Innenmauern und der Umgang mit Stichsäge, Bohrmaschine und Winkelschleifer ist für mich inzwischen selbstverständlich geworden. Was die Planung von Anbauten, Carports und Änderungen von Grundrissen angeht, so besprechen wir das zusammen. Doch manchmal geht es mit mir durch, dann reisse ich auch schon mal eine alte rosa Blümchen-Tapete von den Wänden und zwinge uns dadurch, den Diskussionen ein Ende zu setzen und das angefangene Projekt gewungenermassen zu Ende zu bringen.

Es läutet das Telefon, und ich haste die unregelmässige Naturstein-Treppe hoch zum Mazet, um es noch rechtzeitig vor dem Einschalten des *répondeur* abnehmen zu können. *Anna? C'est Alain à lappareil...* Alain ist seit ein paar Jahren unser Maurer und uns zu einem Freund geworden. Ein grundanständiger Mann, der recht gut arbeitet, uns beim Material nicht bescheisst und auch sonst keine Ambitionen hat, jemanden übers Ohr zu hauen. Er ist eher gutmütig, und das wird für uns regelmässig zum Nachteil, denn wenn jemand anderes den lieben *Alain* ruft, lässt er den unsrigen Auftrag halt mal vorläufig ruhen. Sein grösstes Handycap aber ist die fehlende Kommunikation. Es ist nicht das erste Mal, dass wir einen festen Auftrag während unserer Abwesenheit mit ihm vereinbart hatten, zwischenzeitliche Kontaktversuche jedoch erfolglos blieben und wir bei unserer Ankunft feststellen mussten, dass nichts getan war. So ist das neue *Atelier* zum Beispiel zwar nach einigem Ärger mit *Alain* letztes Jahr endlich fertiggestellt worden, die Regenrinnen aber sind trotz regelmässigen mündlichen Versprechen seit einem Jahr nicht montiert. Den vergangenen Winter haben wir gar gänzlich ohne Nachrichten von *Alain* in der Schweiz verbracht. Den Plan eines seitlichen Anbaudaches beim *Mazet* haben wir mit ihm vor unserer Abreise detailliert besprochen und es gab theoretisch keinen Zweifel, warum er das Projektli nicht ausführen hätte wollen können sollen...

Doch, wie sagen wir immer, er isch halt än Franzoos, der *Alain*. Doch diesmal ist es genug (das sagen wir allerdings schon seit Jahren...). Seit 4 Monaten keine Antworten, kein Mail, kein Telefon, kein SMS von *Alain*. Vielleicht ist ihm etwas passiert? - oder er hat es wie auch schon einfach verschlampt und traut sich nicht mehr uns anzurufen aus lauter schlechtem Gewissen?, versuche ich als Erklärung. Eines ist sicher: es wird keine Aufträge mehr geben, hat ja unterdessen auch keinen grossen Sinn, weil wir ja alles verkaufen wollen.

Also, *Alain* ist am Telefon und faselt etwas von Thailand, kaputtem Telefon und *côtes cassées* (letztes Mal war es kranker Vater, kaputtes Telefon und Rückenschmerzen; vorletztes Mal geplatzte Hochzeit, schwere Grippe, kaputtes Telefon; vorvorletztes Mal kaputtes Telefon, defekter Lastwagen und notfallmässige Dachdecker-Arbeiten). Wir verabreden uns gleichentags für 14 Uhr, er wohnt nicht weit von uns.

Wie immer bietet *Alain* mir eine seiner Zigaretten an (ich rauche ansonsten nicht und geniesse solche Gelegenheiten). *Alain* und ich grinsen, denn Martin macht wie immer ein furchtbar betrübtes Gesicht, wenn ich rauche. Auf der Packung, welche in thailändischer Schrift angeschrieben ist, ist ein Foto mit einer Leiche abgebildet, sie ist mit einem weissen Tuch bedeckt und man sieht sie von den nackten Fusssohlen her in interessanter Perspektive. *Alain* erzählt von seiner diesjährigen Pechsträhne, er habe sich fünf Rippen gebrochen, als ein Dachbalken unter ihm zerbrach und er seitlich mit voller Wucht auf seinen Oberkörper fiel. Wir sind sicher, dass *Alain* nicht lügt, nur bei der Bemerkung zum kaputten Telefon müssen wir ein wenig schmunzeln. Es ist ihm gar nicht recht, er verhaspelt sich beim Erklären, ans mailen habe er gar nicht mehr gedacht, und die letzten drei Wochen sei er ja in Thailand gewesen. Nun sei's drum, wir sind *Alain* nicht wirklich böse. Betroffen schaut er uns an, als wir erzählen, nun doch das ganze Anwesen zu verkaufen und keine Projekte mehr in Angriff zu nehmen. *Mais ça vous fait mal, je pense* sagt Alain (im Slang du Midi ausgesprochen als «Aläng»). *Oui c'est vrai* sagt Martin mit feuchten Augen.

Es ist still geworden im Halbschatten der Steineiche, wo wir auf Campingstühlen sitzen und das kühle Wasser aus unserer eigenen Quelle trinken. Ich lockere die Stimmung ein wenig auf: *et... tu as trouvé une femme?* Alain lacht *non non, je suis toujours célibataire.... mais des femmes... il'y en a pas mal là-bas!!* und *Alain* saugt die Luft durch seine Zähne und schüttelt seine rechte Hand hin und her, wie wenn er sich verbrannt hätte. Wir sind ihm noch behilflich beim Einladen der dagelassenen Eisenstützen und werden ihn am Montag wieder treffen, wo er uns die geleistete Anzahlung von 500 Euro zurückbringen wird.

„Pastis", die modebewusste französische Bulldogge von Alains Vater, der mit seinen 76 Jahren tatkräftig mithalf beim Bau des Ateliers. Ich musste aufpassen, dass er den dicken Frosch im Überlaufbassin in Ruhe liess... Pastis begleitete ihr Herrchen und wartete geduldig, bis der Arbeitstag zu Ende war.

14. April 2017

Im Hinblick auf den Verkauf müssen wir unbedingt unsere wichtigsten Reparaturen vorantreiben. Doch das Frühstück im *Mazet* ist uns wichtig und jedes Mal ein Erlebnis: die Sonne erscheint langsam hinter dem Osthügel mit den vielen Olivenbäumen, deren Farben sich ändern je nach Lichteinfall. Am Abend sind sie silbrig schimmernd von der Abendsonne, am Morgen dunkelgrün im Halbschatten. Der Frosch im Überlaufbassin der Süsswasser-Quelle ruft wie jedes Jahr auf der Suche nach einer Partnerin: *voulez-vous coucher avec moi, ce soir, voulez-vous coucher avec moi?* Beim Lindenbaum sind schon winzig kleine Feuerwanzen zu entdecken, bald werden es Hunderte sein, stundenlang miteinander verbunden während der Begattung, wobei der eine die andere (oder umgekehrt) hinter sich her zieht, Hintern an Hintern. Sie sehen alle genau gleich aus... nach welchen Kriterien sie ihre/n Partner/in aussuchen, ist mir rätselhaft.

Und ich freue mich schon auf die Nachtigallen mit ihrem Trällern, Gurren, Grätschen und Pfeifen, als ob es sich um Gesänge von mehreren verschiedenartigen Vögeln handle. Und die Zikaden werden sich, je nach Temperatur, bald aus dem Erdreich befreien, wo sie sich mehrere Jahre vom Saft der Wurzeln nährten. Dann wird man überall etwa 1 Zentimeter grosse kreisrunde Löcher im Boden entdecken und wie jedes Jahr versuchen, dem lauten rätschigen Gesang zu folgen, um diese Aliens im Baum entdecken zu können. Und wie jedes Jahr werden sie verstummen, wenn man sich näher als einen Meter ran pirscht und man hat dann kaum eine Chance, diese gut getarnten Wesen im Baum zu entdecken. Es ist frisch an diesem Morgen. Die vor kurzem angeschaffte elektrische Betonmischmaschine ruckelt gefährlich beim Drehen, wenn man zu viel Material einfüllt. Aber immerhin, vier Maurerkübel voll Pfludi liegen drin - und unsere Handgelenke werden geschont. Martin mauert die restlichen Steine beim Boilerhäuschen, ich repariere einige Stellen bei der Steintreppe und in der Küche. Man könnte nun einwenden, dass es doch egal sei, wie perfekt man noch arbeiten soll - bei den bestehenden Verkaufsabsichten... doch wir können nicht anders, auch jetzt noch wird jede Arbeit nach bestmöglichen Fähigkeiten und (gut schweizerischer) Präzision ausgeführt.

ABRI / ATELIER, 15,5m2
MARTIN LUTZ, CHEMIN DES PRATS 578, ST. JEAN DE VALÉRISCLE, 21.8.2014

VUE DE L' EST

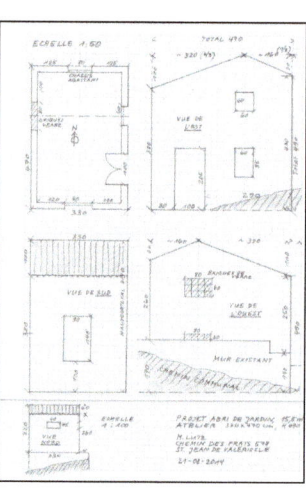

VUE DE L'OUEST

Das Atelier wurde auf alten Mauerresten errichtet, dank einem Mezzanine gelang es,
ein voll eingerichtetes Minihaus zu bauen. Die Planung und das Erleben der Umsetzung
machte mir grossen Spass!
In meinem nächsten Leben werde ich Architektin...

Mein Mann, der Perfektionist, Denker und Philosoph, hat in diesen Jahren viel lernen müssen, was Pragmatismus und rollende Planung angeht. Doch beim Erstellen eines Daches mit Gefälle für einen halbrund gemauerten Anbau ist er speziell gefordert, denn die Auflagestellen sind nicht waagerecht und die Everitplatten müssen mit dem schweren Winkelschleifer der Rundung entlang geschnitten werden, sonst würde es nicht schön aussehen. Schneiden kann man erst wenn alles mal provisorisch aufgelegt ist, das schwere Zeug, und staubig wird's, und alles Material muss rauf- und runtergeschleppt werden zum *Mazet,* und der Rücken tut weh. Martin wird in wenigen Wochen 67 Jahre alt, und ich bin 62, seit 10 Jahren mit der Diagnose Arthrose, die ich bei grösserer Anstrengung vor allem in den Händen, den Füssen und in den Knien spüre. Bei meinem linken Knie hat sich schon zum zweiten Mal innerhalb von zwei Jahren die Bakerzyste vergrössert nach einer Wanderung, zum Glück bildet sie sich langsam wieder zurück. Und Martin hatte sich vor drei Jahren beide Füsse gebrochen, als er sich überschätzte und aus zwei Metern Höhe vom Dach des Wintergartens sprang, weil die Leiter umgekippt war. Bei den anschliessenden Untersuchungen wurde eine beginnende Osteoporose entdeckt.

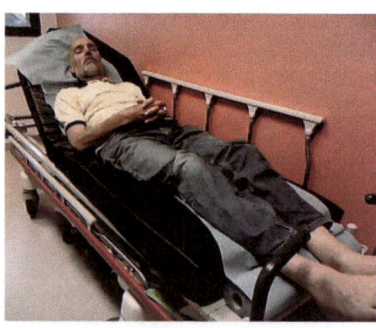

Martin im Spital in Alès, wo ein Fuss
ganz falsch eingegipst wurden

Zum Glück wurde der im Spital in *ALÈS* unsachgemäss angelegte Gips in der Schweiz sofort wieder entfernt und erneuert, sonst könnte er heute nicht mehr ohne Schmerzen laufen.

Am Abend gönne ich mir ein Konzert in *ALLÊGRE LES FUMADES*, das jährlich neu zusammengesetzte Programm der Equipe des *maison de l'eau* hat sich zu einem echten Insider-Tipp entwickelt. Ganz verschiedene *Genres* in immer guter bis sehr guter Qualität, und im Sommer bei sicherem Wetter abends unter den riesigen Platanen im *Théatre de verdure* aufgeführt, wo die Mücken im Scheinwerferlicht tanzen und die Musik nach Einbruch der Dunkelheit und dem gleichzeitigen Verstummen der *cigales* regelmässig mit mindestens 15 minütiger Verspätung zu spielen beginnt. Jetzt im April ist das Programm weniger auf die Touristen abgestimmt als im Juli und August. Heute sind *Bernard Joyet* und *Nathalie Miravette* angekündigt, *la note et le mot* heisst das Programm. Es ist fast ausverkauft und ich höre keine andere Sprache als Französisch im Publikum, ich hatte es geahnt. Der alte *Monsieur Bernard* mit seinem weissen Lockenkopf und die junge *Nathalie* in schwarzen knallengen Lederhosen, eine unschlagbare Mischung! Sie eine fantastische Pianistin, er im perfekten schwarzen Anzug, ein philosophischer Wortakrobat, Komponist und authentischer weiser Mann in den Siebzigern.

Zwar habe ich inhaltlich nicht alles verstanden. Aber das hat mir gar nichts ausgemacht, ich genoss die Rhythmik der facettenreichen französischen Sprache, die interessanten Wortspiele wie *les grenouilles de l'église...* (gemeint waren die Geistlichen nehme ich an) oder *la silence sonore...*, die fein eingesetzte Mimik des Poeten bei seinen Lieder-Vorträgen und die gezielte professionelle Beleuchtungsarbeit der Bühnentechniker.

Die Pianistin spielte virtuos auf ihrem Steinway-Flügel, die Synkopen perfekt gesetzt und die Musikstücke vielfältig, und ich mochte auf dem Heimweg nicht einmal das Autoradio einschalten, so sehr hallte die wunderbare Stimmung noch in mir nach.

15. April 2017

Der bekannte *Brocante* in Barjac (einer der grössten Trödelmärkte in Frankreich) findet wie immer am Oster- Wochenende statt. Das Wetter ist mild und sonnig und es hat bestimmt auch wieder viele Touristen. Auf Martins Idee hin packe ich etwa 20 Postkarten ein, wo unser Anwesen mit Internet-

adresse darauf abgebildet ist, beschrifte sie auf der Rückseite mit «Dieses Anwesen ist zu verkaufen – Infos unter www.sonnenferien.ch» und fahre nach *BARJAC*, wo ich Autos mit deutschen, schweizerischen und österreichischen Kennzeichen auf den Parkplätzen aufspüre und ihnen eine Karte unter den Scheibenwischer klemme. Man kann es ja mal versuchen...

Die Fahrt wird allerdings länger als gedacht, denn die Durchfahrt durch *ST. AMBROIX* ist noch bis Ende Juni wegen Bauarbeiten gesperrt und bei der Rückfahrt muss ich wegen eines Unfalls kurz vor *St. JEAN* einen 40 minütigen Umweg auf kleinsten Strassen über die Hügel fahren, um nach Hause zu gelangen. Martin hat inzwischen das Dach beim Boilerhäuschen fachmännisch verlegt und mit dem grossen Winkelschleifer die Everit-Platten in Form geschnitten. Auch die perfekte Befestigung mit den Spezialschrauben (immer oben auf den Dachwellen!) lässt nichts zu wünschen übrig. Wir sind beide müde, eine Dusche hilft ein wenig, und am Abend gehen wir zu Anton (77) und Roswitha (73), einem deutschen Ehepaar, welches in der Nähe ein grosses Steinhaus im Weiler *FONTANIEU* besitzt und mit grossem Aufwand seit bald 37 Jahren renovieren. Ihr riesiger Garten ist traumhaft schön und gepflegt, das hat allerdings seinen Preis: Sie fahren die 1200 km von *Burgau* nach *FONTANIEU*, krampfen, fahren zurück, um nach ein paar Wochen dasselbe zu wiederholen. Roswitha hat nach einem Schlaganfall vor zwei Jahren Gleichgewichtsstörungen und kann nicht mehr richtig laufen. Sie sieht schon länger keinen Sinn mehr in dieser Sisyphusarbeit - denn es hat kein Ende; bei ihrer Ankunft vor ein paar Tagen haben sie umgestürzte Bäume und die wieder mal von Wildschweinen verwüstete Wiese angetroffen. Letztes Jahr haben die *épisodes cévenols* einen grossen Teil ihres Landes verwüstet; es bleibt keine Zeit, die vielen Früchte ihrer Apfel-, Aprikosen- und Kirschbäume zu verarbeiten und die Natur nimmt sich regelmässig ihren Raum zurück und überwuchert die in ewiger Anstrengung gerodeten Landabschnitte und Flächen. Bei unseren Besuchen und den Gesprächen wurde uns klar, dass Anton an seinem Traum von Südfrankreich festhalten wird, Roswitha hingegen wird sich immer mehr zurückziehen, und Anton hat begonnen, alleine mit dem Zug «herunter» zu fahren und sich dann ein Auto am Bahnhof in *AVIGNON* zu mieten.

Der kleine Weiler FONTANIEU mit seinen ineinander verschachtelten Häusern.

Hier hatten unsere Freunde Anton und Roswitha in den 80er Jahren ein altes Steinhaus gekauft und mit viel Herzblut renoviert. Ein Genuss ist vor allem auch ihr riesiger Garten. Zusammen mit Wald und Buschland ist ihr Grundstück rund 10 Mal so gross wie unseres: 80'000 Quadratmeter.

16. April 2017

Heute ist Ostersonntag. Schon seit Tagen wechseln wir uns ab bei den Rückenschmerzen, heute ist Martin dran. Da wir in drei Tagen in die Schweiz fahren möchten, kommen wir - wie immer - in Zeitnot, weil wir noch Vieles erledigen möchten. Wir haben mit Schweizer-Freunden zum Nachtessen abgemacht in *MONS*, und auf dem Weg dorthin machen wir einen kleinen Spaziergang beim *Préhistorama*, einem kleinen Museum, welches mitten in der *Garrigue* steht und wo wir mit unserer Hündin öfters unterwegs waren. Leider mussten wir sie vor 4 Jahren einschläfern lassen. Sie hiess Cora und ist hier in der Nähe von *ST. JEAN DE VALERISCLE* zur Welt gekommen. Sie war die Einzige, welche vom Doppelwurf überleben durfte. Ihre Mutter Scolopax, eine Boxer-Hündin, hatte sich mit zwei verschiedenen Südfranzosen gepaart und ihre Jungen kamen deshalb in zwei Etappen zur Welt. Die ersten fünf Welpen waren sehr dunkel und schon tot bei der Geburt. Einen Tag später kamen die nächsten vier, alles hübsche Mischlinge, und Ustulata (so wurde Cora vorerst getauft) durfte leben, während die anderen getötet wurden, weil die Besitzer dachten, sie würden sie nicht platzieren können. Oh welch ein Irrtum! Hätte man gewusst, was für wunderschön proportionierte, caramelfarbig-kurzhaarige, längerschnauzige Hunde daraus gewor-

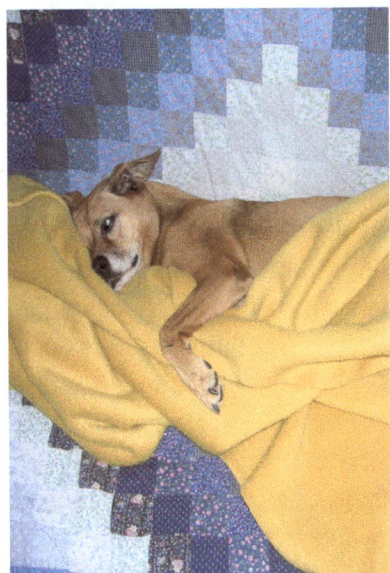

den wären, hätte man sicherlich gute Plätze gefunden, denk ich mir wenigstens. Oft wurden Martin und ich gefragt, was denn das für eine Rasse sei,
so wohlgeformt wie sie war, die Cora. Ich antwortete jeweils *oh, c'est la
première de sa rasse!* Die einen grinsten, andere wurden ganz ehrfürchtig
und nickten anerkennend mit dem Kopf.

Die Fussabdrücke von Dinosauriern in den Steinen auf dem Wanderweg
beim *Préhistorama* haben wir zwar diesmal nicht mehr ausfindig machen
können, dafür erreichen wir nach einer kleinen Wanderung eine Art natür-
liches Stein-Amphitheater, welches sich in halbrunder Form in einem über-
wucherten Flusskessel zeigt, leider aber nicht erreichbar ist, weil der zu
überquerende Fluss schlammig und noch nicht ausgetrocknet ist. Das
Wetter ist fantastisch, und beim späteren Besuch bei unseren Freunden sitzen wir bis spät draussen neben dem riesigen Rebenfeld, welches in Reih
und Glied sich über die Ebene zieht und sich langsam in der Dämmerung
dieser südfranzösischen Frühlingsnacht auflöst.

18. April 2017

So alle 2-3 Tage müssen wir ins Internet, um eventuell hereinkommende
Kaufanfragen zu beantworten. Wie üblich machen wir das im *tabac* in *ST.
AMBROIX*, hinten im fensterlosen Pferdewett-Raum. Als die Chefin uns wie
immer den bestellten Kaffee bringt, schüttelt sie den Kopf und sagt *il y a
des gens... incroyable!* Auf meinen fragenden Blick hin erzählt sie, wie sich
die Kundschaft in den letzten Jahren sehr zum Schlechten verändert habe.
Da sie sich geweigert hätte, auf Kredit Ware herauszugeben (konkret: Zigaretten für einen jungen Franzosen), wurde anschliessend ihr Auto mutwillig
beschädigt, nach der Reparatur grad noch einmal - beim dritten Mal musste sie es verschrotten. Diese Gegend hier in Frankreich hat eine sehr hohe
Arbeitslosigkeit, die Sozialabgaben sind dementsprechend hoch, und viele
erachten es als selbstverständlich, dass ihr Leben ohne eine Gegenleistung
ihrerseits vom Staat finanziert wird. Es entwickelt sich gar eine Art Familien-
tradition, denn wenn Kinder bereits in dieser Abhängigkeit aufwachsen,
wird es zu einem fast natürlichen Anspruch. *Madame* beklagt, dass viele ihr

Geld bereits nach wenigen Tagen verjubelt hätten, nicht einteilen könnten, und dann erst noch auf Kredit einkaufen möchten. Und der französische Staat... da ändere sich ja gar nichts und Verbesserungen seien seit langem keine gemacht worden. Das *capital* versickere seit jeher in den Taschen der Mächtigen und der korrupten französischen Wirtschaft.

In einer Woche wird in Frankreich wieder gewählt. *Madame tabac* ist allerdings so desillusioniert, dass sie nicht mal Lust hat, an den Wahlen teilzunehmen, *ça changera rien....* , sagt sie. Man spürt nicht nur ihre Resignation, sondern auch ihre Wut, als sie noch anfügt, dass sie jetzt auf einen Schlag 50% höhere Steuern zu zahlen hätten, ohne dass es Verbesserungen gegeben hätte. Mein Mann und ich schauen uns an und denken beide dasselbe: wir können den Frust dieser Frau nachvollziehen, haben wir doch in den letzten Jahrzehnten auch so Einiges erlebt, was das französische Steuersystem und willkürliche Erhöhungen angeht. So viele Schweizer*innen und andere Ausländer haben sich schon halb tot geärgert wegen dem französischen Amtsschimmel und dem nicht nachvollziehbaren Umgang mit Gesetzen und Vorschriften... so man es überhaupt herausfindet, was denn Gültigkeit hat und was nicht. Es ist gut, dass wir es niemals ernsthaft in Betracht gezogen haben, nach Frankreich zu ziehen um hier Wohnsitz zu nehmen. Bestimmt haben wir uns ein Magengeschwür erspart.

Gegen Abend dann kommt die Nachfolgerin von *Nathalie* von der Immobilienagentur *BARJAC* und begutachtet unser Anwesen. Zwar auch mit adretten hochhackigen Schuhen, doch sie steigt behände die unregelmässigen Steintreppen hoch und runter, schreitet die grünen Terrassen ab und sagt nur lächelnd *je suis habituée...* . Wie in Frankreich üblich, nennen wir uns beim Vornamen und behalten die höfliche «Sie»-Form der Anrede bei.

Corinne ist eine etwa 50-jährige schlanke Französin mit sportlicher Figur, wohlgeformten Beinen und blonden strähnigen Haaren mit mädchenhaftem Schnitt. Sie trägt einen dunkelblauen Jupe und eine helle Bluse, dazu eine Designer-Ledertasche mit Sichtnaht, alles dezent und geschmackvoll ausgewählt. Ihr Lachen ist zwar ein wenig gekünstelt, wenn sie ihre Augen zu zwei Schlitzen zusammenkneift und die Stimme um mindesten fünf

Töne erhöht, doch sie ist ein wirklicher «Profi». Ihre Fragen sind gut überlegt und ihre Bemerkungen zeugen von Erfahrung in diesem business. Ihre
Fotokamera mit ausschwenkbarem Display bedient sie einhändig, und als
sie mir die Bilder zeigt, bin ich hingerissen - so tolle Fotos hat noch kein
immobilier hingekriegt, auch wenn der extreme Weitwinkel bei den Innen-
aufnahmen doch ziemlich dick aufträgt.

Corinne erzählt, dass sie sensibel auf Orte reagiere, dass sie manchmal
kaum in Häuser eintreten könne, so unwohl fühle sie sich. Doch hier habe
es gute Schwingungen, das spüre sie. Sie nickt verständnisvoll, als ich ihr
von einer unserer Mieterinnen erzähle, die sich als Heilerin betätigte und
von diesem Ort als sehr, sehr altem Ort schwärmte. Und es ist auch für uns
so: auch Martin und ich sind diesem Ort vor bald 27 Jahren erlegen, als wir
mit unserem Zelt für eine Nacht auf dem Grundstück übernachteten. Die
wunderbaren Naturgeräusche und der Duft von wildem Pfefferminz, zusammen mit dem mächtigen Kirschbaum auf dem uneinsehbaren Südplatz
hatten uns in ihren Bann gezogen, im Frühling 1990. Auch das damals seit
mehr als zwei Jahren verwilderte Grundstück und der relativ hohe Preis
konnte uns von einem Kauf nicht mehr abhalten. Und als die Schweizer
Banken einen Kredit für eine ausländische Immobilie verweigerten, stachel-
te das meinen Mann erst recht an - mit vielen kleineren und grösseren Kre-
diten bei Familienmitgliedern und Freunden hatten wir das Geld in der
Höhe von 920'000 französischen Francs bald zusammen für die beiden
Häuser, zusammen mit allen Gebühren ergab sich eine runde Million FFR
(entsprach 1990 ca. 250'000 Schweizer Franken).

17. Mai 2017

Die letzten 4 Wochen haben wir in der Schweiz verbracht. Die ca. 9-stündi-
gen Fahrten haben wir inzwischen optimiert: wir fahren gerne sonntags,
weil dann praktisch keine Lastwagen und kein Werksverkehr unterwegs ist.
Oft leihen wir in unserer Bibliothek eine Hör-CD-Serie aus, die wir dann
während der Fahrt einschieben.

Diesmal ist es eine Geschichte aus Afghanistan (Khaled Hosseini: Traum-sammler), der wir gerne lauschen und die uns besser gefällt als die Krimis der letzten Fahrten.

Vor drei Tagen, am 14. Mai sind wir also wieder «runtergefahren» und hatten kurz vorher auch unsere drei *immobiliers* per mail informiert. Am Montagabend rief *Yoann* von *TUC-immobilier* an und sagte, er habe einen Interessenten gefunden, der wolle alles kaufen, auch das unterste Stück (Bau-?) Land, denn er wolle *personne autour de soi*. Das einzige Problem sei nun noch, ob das Landstück des Nachbarn direkt vor unserem Tor Bau-land sei oder nicht. Ich bot ihm an, das abzuklären und ging zum Nachbarn, dem das Land gehört. Es sei Bauland, sagte dieser mit absoluter Bestimmt-heit. Ein Anruf bei der *mairie* am nächsten Morgen brachte mehr Unklar-heit als Klarheit: Man könne nichts sagen, das läge noch bei der *RNU (Rè-glement national d'urbanisme)*, auch eine Umzonung in Nicht-Bauland sei möglich; man wisse auch nicht wie lange das noch gehe, das könne sowohl in den nächsten Tagen klar werden oder erst in ein paar Jahren...

Ich informierte *Yoann* telefonisch über den neuesten Nicht-Wissensstand. Laut seiner ersten Aussage musste ich annehmen, dass dieser Käufer nicht mehr interessiert war. Doch gleichentags dann gegen Abend rief *Yoann* nochmals an: Der Interessierte habe den Nachbarn persönlich aufgesucht und dieser habe ihm versichert, dass ein zusätzlicher Hausbau nicht vorge-sehen sei, das Stück Land werde als Garten Verwendung finden.

Also: der Interessent wolle unser Anwesen nun doch ernsthaft kaufen...

Noch am selben Abend kam *Yoann,* der junge Immobilienhändler, bei uns vorbei. Die Tatsache, dass er bisher kein Wort zum Verkaufspreis verloren hatte hiess selbstverständlich nicht, dass der ausgeschriebene Betrag ak-zeptiert war, das war Martin und mir klar. Wir kannten die französische Art, auf jeden Fall zu feilschen, manchmal auch auf unverschämte Art. Viele zie-hen auch nähere Bekannte schamlos über den Tisch, und auch bei einem wirklich günstigen Angebot und genügend grossem Kaufbudget ist es fran-zösische Ehrensache, möglichst viel herauszuschlagen. Wir hatten bei Mau-er-Bauarbeiten erlebt, dass der vom Arbeiter angestellte Handlanger mit

50 Euro pro Tag entlohnt wurde und sich fast über seine Kräfte abrackerte und *le chef* bei uns das 5-fache für den Handlanger einzog. Dass auch noch deutlich mehr Zement verrechnet wurde als verbraucht, wunderte uns schon nicht mehr wirklich. Es wird beschissen, schwarz gearbeitet, geschwindelt und Grosses versprochen was das Zeug hält, und wenn es einen Satz gibt, den ich bei Detailfragen meinerseits nicht mehr hören kann hier in Frankreich, so ist dies *pas de problème, Madame, ne vous inquiétez pas!!!*

Yoann ist ein netter junger Typ, mein Mann und ich mögen ihn. Er hat schon einige Erfahrung im Beruf als Immobilienmakler und ich hütete mich, ihn zu unterschätzen. Der Verkaufspreis ist offiziell angesetzt auf 325'000 Euro, darin enthalten ist die Kommission für die Immobilienfirma (15'000 Euro), das geht zu unseren Lasten, wir bekämen also netto 310'000 Euro für die 3 Häuser mit 6500m2 Land. Falls jemand das angrenzende untere Bauland (?!) von 1500m2 dazu kauft, kriegt er einen Vorzugspreis von 20'000 Euro für diese Parzelle.

Das macht nach Adam Riese für den Käufer mit Interesse für alles 345'000 Euro. *Yoanns* erster Vorschlag waren erstaunlich tiefe 315'000 Euro, allerdings bemerkten wir dann, dass er von 325'000 anstatt 345'000 für ALLES ausging, was natürlich falsch war. Nach längerer Diskussion schlugen wir einen Verkaufspreis von total 330'000 Euro vor, das war immerhin 15'000 Euro unter dem offiziellen Verkaufspreis und der Käufer hätte theoretisch die untere Bauparzelle für 5'000 Euro ergattert. Von der sehr hohen Immobilienkommission wollte *Yohan* (noch) nicht abrücken. Heute nun rief er an, der Interessent möchte gerne mit ihm zusammen bei uns vorbeikommen am Nachmittag. Wir willigten ein und waren gespannt auf *Yoanns* Verkaufsstrategie.

Die Interessenten, *Monsieur DROUSIE et Madame GAZELLE* sind ein unverheiratetes Paar in unserem Alter. *Michel DROUSIE* ist so klein wie ich, ca. 1.60m, hat Geheimratsecken und lange weisse Haare, die er im Nacken locker zu einem Schwanz zusammengebunden hat und er trägt einen graumelierten langen Vollbart. Seine grossen, wässrigen, hellblauen Augen stehen ein wenig vor. Er trägt Jeans und unter seinem hellen fein gemusterten Baumwollhemd ist ein kleiner Bauchansatz zu erkennen. Er redet schnell und undeutlich und ist ein eher nervöser Mensch. Seine Partnerin hat einen hellwachen Blick und eine rot gefärbte, lange, dichte und lockige Haartracht. Auch sie ist nicht gross, trägt Jeans und eine grüne Bluse, und ihre gepflegten Füsse mit türkis lackierten Zehennägeln stecken in offenen römischen Ledersandalen. Ihre stark geschwungenen Augenbrauen geben ihrem Gesicht einen kritischen touch und sie mustert mich intensiv. Im späteren Gespräch wird klar, dass sie möglichst schnell von ihrem jetzigen Wohnort weg wollen, ihr grosses Steinhaus mit über 300m2 Wohnfläche sei bereits für einen Käufer reserviert und gegen Ende Juli sei die Übergabe, wenn alles klappt. Das heisst für sie, dass sie möglichst schnell ein Haus finden müssen, damit sie dann nicht auf der Strasse stehen.

Und da man hier in Frankreich ca. 2 Monate rechnen muss vom Unterschreiben des *compromis de vente* bis zum notariellen Übergabetermin, sind sie ganz schön unter Druck. Unser ruhig gelegenes Anwesen ohne direkte Nachbarn gefällt ihnen, dies ist der insgesamt dritte Besuch hier. Sie haben aber kein Interesse an Vermietungen, sondern brauchen die Unterbringungsmöglichkeiten für Besuche ihrer 6 Kinder und Kindeskinder; da sind die total 6 Toiletten, 5 Duschen und 3 Küchen natürlich willkommen. Am wichtigsten ist es für *Michel DROUSIE*, keine anderen Leute um sich zu haben, anscheinend hat er mit seinem jetzigen Nachbarn ziemlich Zoff. Sie schauen sich nochmals alles in Ruhe an und mäkeln erstaunlich wenig an baulichen Nachteilen herum, eigentlich stört sie vor allem, dass das grosse Haus vorwiegend mit Elektro-Öfen geheizt wird und das Garagendach mit Asbestplatten gedeckt ist. Das relativiert sich allerdings, das Dach wurde nie bearbeitet und hat keine Dachfenster; für die Heizung hat es im Salon einen Nachtspeicherofen und es gibt zwei gute Holzöfen, der eine ist ein riesiges verglastes Cheminée mit Umluft-Heizsystem.

Der Immobilienmakler *Yoann* gibt zu, dass es mit dem Verkaufspreis ein Missverständnis gegeben habe, da der allererste Besuch nicht von ihm selbst begleitet wurde und *Michel DROUSIE* im Glauben war, der Verkaufspreis von 325'000 Euro beinhalte auch das angrenzende Bauland. Nach zä-

hen Verhandlungen hatten wir einen Kompromiss gefunden: Martin und ich lassen uns auf 310'000 *net vendeur* runterhandeln, *Michel DROUSIE* zahlt 320'000 (*Yoann* reduziert seine Kommission um einen Drittel). Wir haben einen grossen Verlust, wenn man unsere Investitionen bedenkt wie zum Beispiel An- und Ausbauten, Dachdeckerarbeiten, Wintergarten und Verglasungen, Parkplatz-Planierung mit Betonauffahrt, Mauerbauten und vieles mehr. Doch wir haben halt einfach Pech mit unserem Kaufs- und Verkaufszeitpunkt: 1990 waren die Preise hoch und wir kauften, 2017 sind die Preise tief und wir verkaufen. Was will man machen? Die 27 Jahre haben für uns einen anderen Wert, wir konnten uns ausprobieren, haben handwerklich sehr viel gelernt, tolle Feriengäste kennengelernt, einige sind uns so ans Herz gewachsen, dass wir den Kontakt behalten haben und sie immer noch besuchen. Und Südfrankreich ist klimatisch wunderbar, die Lage unseres Anwesens fantastisch. Und auch wenn uns die französische Bürokratie, die Streiks und die *laisser-faire*-Mentalität oft den letzten Nerv zu rauben drohte, so bereuen wir doch keinen einzigen Tag. Und das Schönste: wir sind selbst ein wenig gelassener geworden.

19. Mai 2017

Yoann hat Gas gegeben. Er hat dafür gesorgt, dass die nötigen Unterlagen für den Vorvertrag, den *compromis de vente* innert 2 Tagen zusammenkommen. Wir hatten ihm noch gesagt, dass uns ein Schweizer Paar in diesen Tagen besuchen möchte, welches am Auswandern und den *Gîtes*-Möglichkeiten interessiert ist. Wir hatten diesem Paar vor unserer Abreise zusätzliche Fotos gezeigt und hätten uns diese Interessenten sehr gut als Käufer vorstellen können, aber natürlich wollten sie alles zuerst mit eigenen Augen sehen. *Yoann* wusste natürlich, dass in einem solchen Fall für die *Agence* die Provision gleich Null gewesen wäre.

Gestern kam ein Mann der Diagnostik-Firma *ALIZÉ* kurzfristig vorbei, um auch vom *Mazet* und vom neuen *Atelier* den vom Staat vorgeschriebenen Bericht zum energetischen und baulichen Gebäudezustand zu erstellen. Für das grosse Haus wurde dies bereits letztes Jahr gemacht und dieser umfangreiche Bericht umfasste 45 (in Worten: fünfundvierzig) A4-Seiten. Für einen allfälligen Termitenbefund sind allerdings inzwischen mehr als 6 Monate vergangen und es wurde uns damals versichert, dass dieser Teil gratis erneuert wird, falls ein Verkauf erst nach dieser Frist stattfinden würde. Dass dies auf französische Art gemacht wird, fanden wir bestätigt: dass immer noch kein Termiten-Befall vorläge, wurde auf Distanz erledigt! *Yoann* erhielt den erneuerten Bericht per mail innert weniger Stunden... *oh-là-là!* Die gestrige Expertise für die beiden kleinen Häuser umfasste dann nochmals 52 Seiten (!), beinhaltete jedoch mehr individuelle Details als beim grossen Haus. Wir staunten, in welch kurzer Zeit *Monsieur DOBBELAER* alles direkt im Computer verarbeitete, selbst Grundrisse hat er erstellt. Konzentriert und zügig erledigte er während seiner Mittagszeit den kurzfristig angeordneten Job, und wir verhielten uns ruhig, damit er nicht zu viel Zeit aufwänden musste. Ein kurzes aber persönliches Gespräch beendete diese erfreuliche Zusammenarbeit, und auf die Kosten von wiederum 430 Euro machte er uns auf unsere Anfrage hin eine *remise* und verlangte 344 Euro, was natürlich für 1,25 Stunden Arbeit immer noch ein sehr ansehnlicher Betrag ist. Aber hier ist es wie anderswo auch: wo sich Firmen ein Monopol aufbauen (denn um diese Expertisen machen zu dürfen muss man eine Lizenz vorweisen), schiessen die Preise in die Höhe, und auch wenn es oft sehr oberflächlich gemacht wird, so ist es doch obligatorisch beim Verkauf eines Hauses in Frankreich. Wir haben uns schon lange daran gewöhnt, dass es vor allem drauf ankommt, dass es nach viel Aufwand aussieht, und das kann man ja wohl sagen - bei insgesamt 97 A4-Seiten für alle Häuser, telepathische Verbindung mit eventuellen Termiten eingeschlossen!

Wir unterhielten uns noch ein wenig über die schöne Aussicht, das gute Klima. Der Experte beklagte freimütig die Mentalität hier im Süden: die Leute seien *très fermé*, und viele französische Rentner vom Norden, welche ihren Lebensabend im klimatisch verwöhnteren Teil Frankreichs verbringen wollten, zögen enttäuscht nach ein paar Jahren wieder dorthin zurück wo sie hergekommen seien. Das Problem hier sei nicht die Gegend... *Le problème c'est la mentalité, ils savent pas communiquer, les gens (...).* Ich war erstaunt über diese Offenheit und wagte ein verständnisvolles Nicken, wenn

Blick in die Cevennen, dem über 900 Quadratkilometer
grossen Nationalpark mit seinen wildromantischen
Schluchten, vielfältiger Tier- und Pflanzenwelt, grossen
Kastanienwäldern und oft ärmlichen Dörfern.

ich auch sonst kritische Bemerkungen zu diesem Thema (Franzosen gegenüber) vermied. Doch mit dieser fehlenden Kommunikationsfähigkeit, gepaart mit viel Missgunst und Neid, Streitlust und einer hinterhältigen Art sich zur Wehr zu setzen, hatten wir leider auch Bekanntschaft gemacht. Doch wir hatten es geschafft, uns nie in Parteilichkeiten reinziehen zu lassen. Wir schimpften nicht über die Nachbarn und liessen uns in keine Diskussionen ein, wir bezahlten brav unsere ständig steigenden Rechnungen und schauten, dass wir unsere Ruhe hatten.

Es gab nur wenige Situationen, wo wir uns wehrten: als zum Beispiel der Stromzähler während unserer längeren Abwesenheit zwei Mal abgelesen wurde. Da beim ersten Mal die letzte Ziffer irrtümlich zu hoch abgelesen worden war und beim 2. Mal richtig, ergab sich quasi eine volle Zähler-Umdrehung, denn ein negativer Verbrauch ist undenkbar und der Strom war zwischen den beiden Ablese-Zeitpunkten abgestellt, weil wir in der Schweiz waren. Wir erhielten eine Rechnung von umgerechnet rund 100'000 Schweizer Franken zugeschickt.

Oder als bei unserer Ankunft nach längerer Abwesenheit unsere 380-Volt-Wasserpumpe plötzlich undicht war - das *EDF (Electricité de France)* hatte in der Zwischenzeit Stromkabel im Quartier ausgewechselt und die Phasen falsch angeschlossen, was zur Folge hatte, dass die Wasserpumpe in die falsche Richtung lief. Von den unrühmlichen Versuchen, Telefonleitungen reparieren zu lassen oder eine neue Linie in Betrieb zu nehmen, der Unmöglichkeit, ein Internet-Abo zu kündigen und vielen ähnlichen Geschichten möchten wir gar nicht anfangen zu erzählen, sonst bekomme ich nachträglich nochmals Magenschmerzen. Klar ist, dass die professionelle Freundlichkeit der Callcenter-Zuständigen (natürlich jedes Mal eine andere Person...) in krassem Gegensatz steht zur Unfähigkeit, sich auszudrücken, zu kommunizieren, zu kontrollieren und den Auftrag zu Ende zu bringen. Die aufgetauchten Handwerker verschwinden einfach und behaupten, dass es zu klappen käme... und wir sitzen da und können es nicht fassen: bei der Inbetriebnahme des Telefons im *Mazet* waren wir fast zwei Monate ohne Telefonverbindung, 3 Mal kamen Techniker die nichts zustande brachten, und unzählige Male versuchten wir (mühsam vom Telefon des Nachbarn aus), zu erklären, dass auch der letzte Versuch nichts gebracht hatte. Und last but not least mussten wir die Unfähigkeit auch noch bezahlen, die lausigen Versuche wurden uns berechnet. Zur französischen Ehrenrettung muss ich anfügen, dass wir die Horror-Stromrechnung nicht bezahlen mussten, die Pumpe auf Kosten der *EDF (Electricité de France)* einigermassen repariert wurde und dass *Dani*, eine aus der Bretagne stammende Nachbarin, die vor wenigen Jahren mit ihrem amerikanischen Mann von Paris hierher gezogen war, uns mit grossem Engagement half, bei *ORANGE* bezüglich den Telefonrechnungen zu unserem Recht zu kommen. Auch sie echauffiert sich regelmässig über die französische Bürokratie und die vielen unfähigen Schwätzer.

Genug gejammert. Heute Morgen wachten wir auf mit dem Gesang der Nachtigall und ein Kuckuck ersetzte den Wecker. Mein Mann hat wie öfters in letzter Zeit schlecht geschlafen und hat sich irgendwann in der Nacht auf das Sofa in der verglasten Veranda verzogen. Die Sonne zeigt sich wie all die Tage gegen halb neun Uhr und wir geniessen es, beim Frühstück dem Eichelhäher und einem alt bekannten Taubenpärchen nachzuschauen, welches auf Augenhöhe vorüberfliegt.

Heute ist ein spezieller Tag, denn wir wurden auf halb drei Uhr bestellt zum *Immobilier*, um zusammen mit *Monsieur DROUSIE* den *compromis de vente* zu unterzeichnen. Ab morgen dann hat *Michel DROUSIE* 11 Tage Zeit, straffrei zurückzutreten, auch ohne Begründung. Der Käufer seines eigenen Hauses hatte dasselbe bereits am 22. April getan, also war dessen Rücktrittsrecht bereits vorbei und es müssten schon gewichtige Gründe sein, wenn *Michel* zurücktreten wollte (und dies somit unseren Verkauf verunmöglichen würde). Den Vormittag nutzten wir, um uns im *tabac* ins Internet einzuloggen, dabei sah ich die Chefin: *Bonjour Madame, un café et une noisette s'il vous plait* , und fügte in Erinnerung an unser letztes Gespräch zu den französischen Wahlen bei *et... ca va mieux?* Sie lachte nur und sagte *ah non, ça change rien, c'est une illusion... ça va rester comme avant*. Ich hatte angespielt auf die Wahl des französischen Präsidenten *Emmanuel MACRON*, der seit einer Woche im Amt ist und in der Stichwahl die Rechtspopulistin *Marine LE PEN* deutlich geschlagen hatte. Ich dachte eigentlich,

dass das ein gutes Zeichen für Frankreich sei, hatte aber auch mitbekommen, dass viele Franzosen weder von *LE PEN* noch von *MACRON* überzeugt waren, und gar von einer Wahl zwischen *pest et cholera* die Rede war, was ich in Bezug auf *MACRON* ziemlich geschmacklos fand. Für *Marine LE PEN*, die sich im Fernsehduell unsachlich und grob verhielt und sich volksnah ablichten liess zwischen frisch geschlachteten Rinderleibern, da ist ein solcher Vergleich eher passend, finde ich.

Vor unserem Termin hatten wir noch Zeit für ein Mittagessen, wir wollten es in einem Restaurant einnehmen mit Sicht auf den jetzt leeren Marktplatz, da waren wir seit Jahren nicht mehr. Auf die Frage, ob sie auch Salatteller vegetarisch anböten, bekam ich die kurze unfreundliche Antwort *non*. Ich schüttelte den Kopf und verabschiedete mich, denn es kam auch kein Vorschlag, dass man die angebotenen Salatteller mit *fois gras, jambon, lardons* oder *crevettes* hätte anders variieren können. Aber auch das haben wir oft erlebt – Frankreich ist ein schwieriges Land für Vegetarier. Das schizophrene Verhältnis zum Tier trifft man hier ausserordentlich deutlich an: wenn es ums (Fr)essen geht, werden drei Dutzend Froschschenkel liebevoll im Kreis drapiert im Restaurant, die grausam hergestellte Gänseleber in rauen Mengen aufgetragen bei ansonsten tierliebenden Nachbarn, und bei den mittäglichen Rezeptsendungen im Fernsehen kommt es auch mal vor, dass die zuzubereitende tote Gans mit der einen Hand am langen Hals gepackt und der Kopf hin und her geschlenkert wird von der Moderatorin und sie dies ganz toll lustig findet. Im Supermarkt suchte ich vor Jahren (als ich noch Fleisch ass) nach Produkten aus tiergerechter Haltung und fragte den Metzger, der gerade das Gestell neu auffüllte, auf welche Labels ich hier in Frankreich achten solle. Er hat mich nicht verstanden (und ich meine nicht mein Französisch), er hat einfach gar nicht gewusst, von was ums Himmelswillen ich rede! Beiträge zum Thema *abattoir* in der Pferdeschlachterei in *ALÈS* bekommen zwar inzwischen Sendezeit im Radio, und es sind dermassen grauenhafte Zustände dort, dass man schon beim Zuhören erbrechen und schreien könnte - doch eine wirkliche Änderung im Verhalten der Durchschnittsfranzosen konnte ich nicht beobachten. Alle versichern, sie ässen nur noch wenig Fleisch, sie kauften nur noch gute Qualität, alle wissen Bescheid… doch die Zahlen sprechen eine ganz andere Sprache.

Aber ich komme wieder ins Grübeln – wir sind ja beim Thema *compromis de vente*. Bei der Immobilienfirma *TUC* wird das Ganze gut abgewickelt. Alles wird erklärt, Zeit für Fragen gelassen, die wichtigen Daten wie Namen, Geburtstage und Adressen, Kaufbeträge und Bedingungen werden erörtert und Fragen beantwortet. Unser *Monsieur DROUSIE* gibt sich manchmal (so vermute ich) dümmer als er ist, manchmal hat man jedoch auch das Gefühl, er sei nicht so ganz präsent und sein Kurzzeitgedächtnis funktioniere nicht mehr gut, wenn er sich z.B. an bereits unterschriebene Texte nicht er-

Das Jagen ist in Frankreich Volkssport: Mehr als 1,2 Millionen Jäger genießen hier große Freiheiten. Jagen dürfen sie so gut wie überall und zur Jagdsaison auch an allen Wochentagen. Jagdunfälle, auch tödliche, gehören dazu.

Der Schuss in den Hinterleib der Wildsau lässt einen qualvollen Tod des Tieres erahnen.

innert. Das ist allerdings in Frankreich schnell passiert, denn wir sind mindestens 20 Minuten nur am Unterschreiben, jede der 28 Seiten des *compromis de vente* und jede Seite der beiden *diagnostics* im Umfang von nochmals fast 100 Seiten mussten von Hand und von allen 3 Beteiligten unterschrieben werden. Eine Immobilienfachfrau leitete die Sitzung, ruhig und zügig. *Yoann* rechnete für uns noch die sogenannte *plus value* aus, die sich von der Differenz zwischen unserem damaligen Kaufpreis und dem jetzigen Verkaufspreis errechnet. Auch die Dauer des Besitzes spielt hierbei eine Rolle, nach 30 Jahren wäre die *plus value* (Gewinnsteuer) auf Null, zum jetzigen Zeitpunkt zahlen wir jedoch bei einem Verkauf noch ca. 8'000 Euro an den Staat, der Betrag würde sich bei einem Verkauf ab 20. August 2017 immerhin um 2'000 Euro vermindern. Wer weiss, vielleicht geht ja alles nicht so schnell und wir sparen uns diese Summe, das hängt jedoch vom Käufer des *DROUSIE*-Hauses ab, und dieser Termin ist auf ca. Ende Juli terminiert. Unser Druide kann natürlich nicht einen Monat auf der Strasse hausen... mal schauen wie es kommt.

Wir sind zufrieden und haben ein gutes Gefühl, wir beide denken, dass wir die richtige Entscheidung getroffen haben mit dem Verkauf. Aus vollen Zügen werden wir noch diesen halben Sommer hier am Rande der Cevennen geniessen, in unserem geliebten *Mazet*, und dann kommt eine neue Freiheit, ein neuer Abschnitt. Wir stellen uns vor, wie wir mit einem Wohnmobil unserer Wahl unterwegs sind (auch) in Frankreich, auf romantischen Stellplätzen, an weiten Mittelmeer-Stränden, an Kanälen in der *Camargue*, an wildromantischen Schluchten in der *Ardèche*, historischen Städtchen in der *Provence* und liebevoll restaurierten Schlössern an der *Loire*... Frankreich wir kommen! Aber ohne Rückenschmerzen vom Pflastern, ohne Ausbuddeln von verstopften Abwasser-Rohren, ohne schmerzhafte Wespenstiche beim Reinigen der Dächer, ohne undichte WC-Spülungen und kaschierte Schäden von Feriengästen. Nie mehr ertrunkene Mäuschen und junge Frösche aus dem Pool fischen müssen, nie mehr machtlos zusehen müssen, wie grosse Jagdhunde auf unserem Land ein kleines Wildschweinchen zerfleischen, nie mehr gegen den Hang den Jägern entgegen schreien müssen *c'est pas permis, allez-vous en, c'est notre terrain...!!!* Und keine Angst mehr haben müssen, wir oder unsere Hündin könnten vielleicht die nächsten sein, welche Opfer dieser widerlichen Jäger-Kultur werden könnten, beim Wandern oder beim Pilze suchen.

Am liebsten ist es mir, die Jäger erschiessen sich gegenseitig in ihrem Eifer, wie wieder einmal geschehen vor wenigen Jahren, wo der arme *Benjamin* (im Slang du *MIDI* «Bängschamäng») vom Jagdkollegen erlegt wurde, irrtümlich, als er ohne vorgeschriebene Leuchtweste nach der verletzten geflohenen Wildsau suchte... 6 Todesopfer in den letzten 10 Jahren allein in diesem Talabschnitt zeugen von dieser unrühmlichen Macho-Jäger-Kultur. Unweit unseres Hauses versammeln sich die Männergruppen am Wochenende mit ihren Jeeps und SUV's, mit ihren Bluthunden, welche grosse Empfänger um den Hals geschnallt bekommen, dank denen sie von ihren Herren auch auf Distanz kommandiert werden können. Und - ein wenig ermattet vom Jagen - werden sie sich gegen Mittag im Steinhäuschen besaufen und sich in Männergesprächen ergiessen. Später am Nachmittag werden sie versuchen, weitere Tiere zu erlegen, die sich - schlecht getroffen und blutend - weiterschleppen, um den in hohen Tönen jaulenden Bluthunden zu entkommen und doch keine Chance haben. Einmal ist es geschehen, so erzählte mir Martin später, dass er aufmerksam geworden sei vom aufgeregten Gebell unserer Hündin Cora, nach draussen ging und nachschauen wollte, was denn los sei. In unserem alten Überlaufbassin von ca. 3x3 Metern Grösse schwamm etwas, und erst beim näheren Hinsehen sah Martin, dass der Kopf einer grossen Wildsau aus dem Wasser ragte. Sie schwamm in Panik im Wasser, am Bassinrand mehrere Jagdhunde, die mit triefenden Lefzen hysterisch bellten, aber nicht an sie heran kamen. Was tun? Einen Nachbarn zu Hilfe holen? Diesen Gedanken verwarf er schnell, denn Franzosen haben meistens ein Gewehr zu Hause, und... sie lieben Wildschweine - auf dem Teller! Martin hat zuerst mal unsere Hündin in Sicherheit gebracht, denn Jagdhunde in diesem Zustand sind unberechenbar und können anderen gefährlich werden, auch Menschen.

Martin, der friedliche Martin, der keiner Fliege was zuleide tut, holte sich dann einen grossen Stock und versuchte, die Hunde zu vertreiben. Das war nicht so einfach, und erst als seine Drohgebärden und Schreie übergingen zu veritablen Schlägen, gelang es nach vielen vergeblichen Versuchen - die Hunde zogen ab. Von den Jägern war nichts zu hören und zu sehen, sie verhielten sich ruhig, sie wussten genau, dass sie auf unserem Privatgrund nicht jagen durften. Die Wildsau strampelte um ihr Leben, sie würde irgendwann ermattet ertrinken, das war anzunehmen, denn die Wände waren für sie unüberwindbar. Mein Mann holte eine Alu-Leiter, stellte sie ins Bassin und beobachtete die Szene. Nach anfänglichem Wegschubsen der Leiter mit dem Kopf besann sich das Tier und schaffte es tatsächlich, nach mehreren Versuchen die Leiter mit den schmalen Stufen heraufzuklettern, dabei steckten die Beine immer wieder in den Zwischenräumen und sie hätte bestimmt keinen Preis im Geräteturnen erhalten. Martin und die Sau - sie schauten sich an, drei Meter voneinander entfernt. Das grosse Tier senkte langsam den Kopf und machte Anstalten, auf Martin loszugehen. Auch wenn es kein Eber mit Hauern war – eine Wildsau in den Schienbeinen wünscht sich keiner! Martin hob drohend den Stock hoch, die Sau zögerte, zudem war die kurze Distanz für einen anständigen Anlauf wahrscheinlich nicht optimal. Jedenfalls kehrte sie sich abrupt um und floh Richtung Hang mit den Steineichen und Olivenbäumen. Ende gut, alles gut... hoffentlich - Schüsse waren jedenfalls laut Martin an diesem Vormittag keine mehr zu hören.

Wir sitzen auf der verglasten Veranda hoch oben im *Mazet*, die Olivenbäume wiegen sich im Abendwind, die Wolkenformationen schweben über dem *Mont Bouquet*, grau-grün beschienen in der Ferne, und wir denken darüber nach, ob es ein Leben ohne diesen Ausblick geben kann, ob es ohne diese jahrzehntelange Verbundenheit mit einem Ort auszuhalten wäre. Heute gäbe es ein Konzert in *BORDEZAC, le comptoir des Fous*, doch wir bleiben hier, wir können jetzt nicht weg fahren, auch nicht für ein paar Stunden, nicht jetzt bei dieser fantastischen Abendstimmung.

27. Mai 2017

Mein Bruder Otto und seine Freundin Brigitte sind seit ein paar Tagen bei uns zu Besuch. Sie werden vermutlich unsere letzten Gäste hier auf *la Clo-*

chette sein. Wir geniessen die Zeit zusammen, beim Quatschen, Blödeln, Essen und gemeinsamen Ausflügen. Es ist schön, Brigitte auf den Gesang der Nachtigall aufmerksam zu machen und den entdeckten abgestreiften Panzer einer *cigale* zu zeigen, der sich noch immer an einem Zweig anzuklammern scheint. Auf dem Rücken zeigt sich ein typischer messerscharfer Schnitt: das Insekt hat sich aus dem zu klein gewordenen Kleid gezwängt um bald mit Hunderten anderen in ein ohrenbetäubendes Zirp-Konzert miteinzufallen - es kann nicht mehr lange dauern. Otto stattet dem Frosch (der immer noch unermüdlich im Überlaufbassin quakt) ein paar Besuche ab und tut sich an den reifen Kirschen gütlich. Gerne begleite ich die beiden am Mittwoch zum Markt in *UZÈS*, diesem schönen Ort und auch die Fahrt dorthin hat Qualität: vorbei am *CHATEAU D'ALLÈGRES, LUSSAN* und weiter durch die mächtigen Platanenalleen und die Hochebene mit den Steineichen. Auch die berühmten *céramiques de Lussan* mit den tönernen Hühnern, welche individuell bemalt sind und mit ihrer Ei-Form und dem typisch kleinen Köpfchen unverwechselbar sind, lassen wir uns nicht entgehen. Der Lebensmittelmarkt in *UZÈS* ist allein schon wegen der fantastischen Lage auf dem grossen Platz mit den alten Platanen sehenswert und es fällt auf, dass es einige Marktfahrer mit Bio-Labels hat. Auch die Forellen sind Bio, sie schwimmen in einem Behälter und der Verkäufer steht dahinter mit seinem Netz, holt sich die gewünschte Forelle und wirft sie in einen kleinen wassergefüllten Kübel. Anscheinend hat er eine grössere Bestellung, fünf Tiere werden rausgefischt. Mit einem Holzknüppel wird das erste Tier erledigt, hellrotes Blut drückt aus den Kiemen. Dann wird es mit einem grossen Messer aufgeschlitzt und nun kommts: mit einer Art Staubsauger-Rohr werden in Windeseile die Innereien abgesaugt. Einige Marktbesucher bleiben wie angewurzelt stehen vor dieser Aktion, auf ihren Gesichtern zeigt sich eine Mischung aus Neugier, Faszination und Abscheu. Das nenne ich Effizienz, gepaart mit Qualität. Im grösseren Behälter schwimmt eine Forelle mit Bauch gegen oben – dieses unrühmliche Ende passt irgendwie nicht mit einem Bio-Fisch-Leben zusammen und das Ganze hinterlässt bei mir einen schalen Nachgeschmack.

Die grossen bunten Schüsseln mit Oliven-Tapenaden haben es Brigitte besonders angetan und sie nimmt ein hübsch verpacktes Ensemble an verschiedenen Geschmacksnoten mit. Auch die leckeren *Fougasses* müssen versucht sein - die unverschämt verlockenden Patisserien lassen wir uns lediglich als Foto schmecken, denn wir zwei Frauen haben uns vorgenommen, auf die Figur zu achten, was im Land der Schlemmereien eigentlich ein absolut hoffnungsloses Unterfangen ist.

Ein Picknick im grossen Park hinter der Altstadt und ein herrlicher Spaziergang dem Fluss *ALZON* entlang bildet einen würdigen Abschluss von diesem schönen Flecken und ich denke für mich, dass ich vielleicht zum letzten Mal diesen Marktausflug gemacht habe, den ich in der langen Zeit immer wieder sehr genossen habe.

Am nächsten Tag überlassen wir die Planung einer Wanderung meinem Bruder Otti, der als erfahrener Gleitschirmflieger ein besonderes Händchen für schöne Routen hat. Ein Blick auf die Karte genügt ihm, und schon

«Süsse» kommen in Südfrankreich auch auf ihre Kosten: Torten mit Zitronen, Walnüssen oder Aprikosen zum Beispiel. Es gibt zahllose raffinierte, leichte Desserts wie die «Crème à la lavande» mit Lavendel und Himbeeren. Auch Honig und Mandeln kommen zum Einsatz – in Form von Cremen, Konfekt und Gebäck. Dazu ein Gläschen süsser Dessertwein – danach ist man rundum satt und glücklich.

entführt er uns an einen einsamen Aussichtspunkt, von dem aus wir einen selten schönen Rundblick in die Cevennen geniessen. Auf dem Rückweg lässt es sich Otto nicht nehmen, die Wassertemperaturen in einem Fluss auszuprobieren, sie variieren so zwischen 8 und 23 Grad, je nach Wasserlochgrösse und Ruhezustand des Wassers. Die Cevennen, ein Naturparadies mit riesigen Wäldern, kleinen Serpentinen, ausgewaschenen Flusslandschaften und Quellgebiet wilder Flüsse, endemischer Blumen und eigensinniger Menschen. Bei unserem Dorf steht ein handgemaltes Schild mit der Aufschrift *Ici commencent les cevennes... ainsi commencan las cevenas* und ich stelle mir vor, dass unser Haus genau auf dem Scheidepunkt von zwei Welten steht. Der alte Haus-Teil, unter dem sich noch uralte Grundmauern eines früheren Anwesens befinden, lugt westlich Richtung Cevennen, mystisch, ursprünglich und voller Geschichte; der in den 70er Jahren angebaute Ost-Teil hingegen blinzelt Richtung Rhonetal und *PROVENCE*. Und manchmal wird diese Vorstellung real unterstrichen von einem Himmel, der sich hell und klar über dem neuen Teil zeigt, während dicke Wolken über dem alten Teil einen Wetterwechsel anzeigen. Die beiden Hausteile scheinen ein Eigenleben zu haben, jeder für sich, und haben sich irgendwie nie zu einem harmonischen Ganzen verbunden. Der kleine Glockenturm zwischen den beiden Dachformen war ein Versuch von uns, die beiden optisch zu verheiraten (so nannte ich es manchmal), und seither heisst unser Anwesen eben *la clochette* (die montierte Glocke ist allerdings ein umgekehrt hängender Blumentopf – täuschend echt!). Interessanterweise wird nun ein Paar einziehen, welches genau diese Getrenntheit schätzt, jede/r wird seinen eigenen Hausteil bewohnen.

Immerhin hat es eine Durchgangstüre, falls das Bedürfnis aufkommen sollte nachzuschauen, wie der oder die andere so drauf ist...

18. Juni 2017

Nach einem Zwischenaufenthalt in der Schweiz bin ich wieder in Frankreich - allein. Wir fuhren am 31. Mai wieder zurück in die Schweiz, beruhigt, dass die 11-tägige Rücktrittsfrist seitens der Käuferschaft ungenutzt verstrichen war. Die *DROUSIES* hatten uns noch einen kurzen Besuch abgestattet, wo sie sich einen Überblick betreffend ihrer Möblierung verschaffen wollten. Die Stimmung war freundschaftlich und sie schlugen uns vor, dass wir sie in ihrem Haus besuchen sollten das nächste Mal, was wir gerne machen werden. In den gut zwei Wochen in der Schweiz hat es sich ergeben, dass wir ein Wohnmobil bestellen konnten. Ein Modell, welches leider nicht mehr hergestellt wird, das jedoch unseren Vorstellungen entspricht und als Neufahrzeug noch kurzfristig zu erstehen ist: einen CLEVER FOR II (Citroën Jumper), nur 5.4m lang, mit Bad, Küche und vor allem Einzel-Längsbetten, so braucht niemand mehr über den anderen zu klettern. Tagsüber dienen die beiden Betten als grosszügige Sitzgruppe, und diese Doppelnutzung kommt natürlich der Kürze des Fahrzeuges zugute. Das Trostpflaster für den Verlust unseres geliebten Zweit-Wohnsitzes kommt zur rechten Zeit, wir freuen uns sehr darauf! Doch die Auslieferung lässt auf sich warten, das Fahrzeug wird von der Mitte Deutschlands her angeliefert, von unserem Händler in Jestetten wird es dann noch mit Radio, Navi und Sonnendach ausgerüstet und in der Schweiz verzollt und vorgeführt. Da Martin das WOMO für die nächste Fahrt als Transportfahrzeug nutzen möchte, wartet er zu Hause in der Schweiz auf die Nachricht, dass er es in Deutschland abholen kann, und ich fahre schon mal mit dem VW TOURAN nach Frankreich, denn die diesjährige Trockenperiode scheint nicht aufhören zu wollen und ich mache mir langsam Sorgen um die vielen schönen Sträucher und Pflanzen, welche ich letztes Jahr noch angepflanzt habe. Und es zeigt sich, dass dies gut ist: es ist 36 Grad, die Pflanzen sind dankbar für das Nass und die Wetterfrösche im Fernsehen berichten, dass es noch nie einen solch trockenen und heissen Juni gegeben habe seit Beginn der Messung, vor allem im Westen Frankreichs.

Die Fahrt an einem Sonntag hat sich ebenfalls wieder gelohnt – kaum Lastwagen, wenig Verkehr, doch die Klima-Anlage musste ich bei der Hitze fast ununterbrochen laufen lassen. Kurz vor Ankunft dann noch ein Riesenschreck: ein Auto fuhr rückwärts von einer Einfahrt her auf meine Strassenseite, und ich sah es schon krachen, denn fürs totale Abbremsen war es zu spät und ich hätte nur die Wahl gehabt zwischen einer Frontalkollision mit dem entgegenkommenden Auto und dem Aufprall in die Seite des ausfahrenden Autos. Im allerletzten Moment fuhr die Fahrerin wieder ein Stück in die Einfahrt und ich hatte auf jeder Seite kaum mehr als 10 cm Abstand und konnte mich durchschlängeln. Mann-oh-Mann (hier besser Frau-oh-Frau), das war wirklich knapp. In den letzten 27 Jahren sind wir die rund 670 Kilometer lange Strecke weit über 100 Mal hin (und zurück) gefahren, und wir sind dankbar, dass noch nie etwas Schlimmes passiert ist.

22. Juni 2017

Die letzten drei Tage waren heiss und anstrengend. Am Montagvormittag fand sich eine Equipe von jungen Männern ein, welche den kleinen Wanderweg freischneiden sollten, der vor unserem Tor vorbeiführt; das historische Stück hier bei uns soll noch einer der seltenen Abschnitte sein, bei dem man die ursprüngliche Steinpflasterung dieses ehemaligen Eselsweges Richtung Cevennen bewundern kann. Mein Blitzgedanke, diese Jungs zu fragen, ob sie günstig oder gratis Betten, Lederpolstergruppe, Tische, Kühlschränke, Wäsche, Auto-Anhänger, Betonmischmaschine, Wasserpumpe, Häcksler, Ventilator usw. brauchen könnten, entpuppte sich als Volltreffer. Die Leute hier sind eher arm und immer interessiert am Händelen, am Kaufen und Wiederverkaufen. Und so kommt es, dass ich ununterbrochen am Aussortieren, Schleppen, Putzen und am Telefonieren mit Martin bin, um so viel wie möglich loszuwerden und so wenig wie nötig (noch) zu behalten. Bisher gingen drei fast voll gefüllte Lastwagen weg. Es bleiben noch ein paar wenige Sachen und vor allem Reste von Gips, Mörtel, Zement, Farben... von Glaswolle, Arbeitsplatten und Everit-Wellplatten. Versprochen wurde der Abtransport für spätestens Samstag, doch ich habe Erfahrung gesammelt: trotz hochheiligem Versprechen *(je prends tout Madame, même pour la déchetterie, ne vous inquiétez pas Madame!)* würde ich mich nicht wundern, wenn ich die Fahrt zur Abfallhalde selbst unter die Räder nehmen müsste, was jedoch nicht allzu schlimm wäre. Wichtig ist, dass ich mich schnell entscheide, denn bei der drückenden Hitze kann es jederzeit ein Sommergewitter geben, und dann sind die draussen parat stehenden Gipssäcke doppelt so schwer...

23. Juni 2017

Mehrmals täglich dusche ich mich nach körperlicher Anstrengung unter der Pool-Solar-Dusche ab. So auch heute, nachdem ich in den kühleren Vormittagsstunden den vorgelagerten Parkplatz von Hand von Unkraut befreit habe, denn er soll ja hübsch aussehen wenn Martin mit unserem neuen WOMO einfährt! Die letzten 27 Jahre haben uns gelehrt, uns dem Wetter und den Temperaturen anzupassen: am frühen Morgen wird Gras geschnitten oder Grünzeug gestutzt, noch bevor die Sonne über den bewaldeten Hügeln im Osten hervorblinzelt. Dabei hat es manchmal Fliegen, welche den menschlichen Schweiss lieben und einem zu Dutzenden ums Gesicht kreisen, sich in Augen und Nasen- und Ohrenhöhlen setzen und einem halb wahnsinnig machen beim Arbeiten. Oder - auch tagsüber - riesige Bremsen, welche auf der Suche nach Blut sich auf nackte Haut setzen (v.a. wenn sie noch nass vom Duschen ist) und dermassen beissen können, dass es blutet. Wir haben es uns deshalb angewöhnt, in Vollmontur zu arbeiten, Martin besitzt einen schrillen orangen Overall, der mich makabrerweise an die Gefangenen in Guantanamo erinnert, und wenn er dann noch die uralte Augenschutzbrille aufsetzt mit den kreisrunden dick schwarzumrandeten Einzel-Brillengläsern, muss ich jedes Mal grinsen. Wie ein Insekt sieht er aus, und zum Spass macht er auch noch riesige Augen und einen extra-ernsten Gesichtsausdruck. Kommt dazu, dass er immer Handschuhe tragen muss und keine freien Hautstellen lassen darf, denn in den ersten Jahren hatte er oft Probleme mit einzelnen hiesigen Pflanzen, welche bei Hautkontakt Bläschen erzeugten, die sich mit Wasser füllten und juckten, dass an Schlaf kaum mehr zu denken war.

Also, der Guantanamo-Astronaut pflügt sich jeweils durch die unbändige Natur mit einem unserer vielen Schneidewerkzeuge: Fadenschneider (nur mit Schutzmaske!), Elektrorasenmäher der Marke Wolf mit sehr langem Einzugselektrokabel, Benzin-Rasenmäher Nummer 1 oder 2 je nach Höhe der Pflanzen. Den Luftkissenmäher konnten wir kaum verwenden, der hätte eher für einen englischen Rasen getaugt. Die grosse Hand-Sense von meinem Schwiegervater jedoch hat uns viele gute Dienste erwiesen, denn die Kleinstlebewesen werden immerhin nicht alle zerschnetzelt und es ist eine ruhige Art zu Arbeiten, ohne Motorenlärm. Mit den Jahren habe ich gelernt mit ihr umzugehen, auch wenn anfangs meine Hände und meine Rückenmuskeln sich schmerzhaft bemerkbar machten. Es ist alles eine Frage der Planung, der Technik und des Masses.

Am Anfang hatten wir noch mehr körperliche Energie zur Verfügung, das war 1990, heute machen wir die schwindende Körperkraft mit Voraussicht und Erfahrung wett. Doch irgendwann fängt sich das Blatt an zu wenden, wir spüren, dass wir keine Lust haben, bis ins hohe Alter den Status quo beizubehalten. Wir haben uns entschlossen, es uns langsam ein wenig gemütlicher im Leben einzurichten.

Seit einigen Jahren finden in der Gegend schöne Konzerte statt unter dem Label *Guitare en Cevennes*, heute Abend werde ich nach *ROCHEGUDE* fahren um den Gitarristen und Gitarristinnen zu lauschen, es ist jedes Mal ein Hochgenuss. Auch vorgestern war ich an einem der Konzerte, in *ST. AMBROIX*. Dass die Vorstellung regelmässig deutlich später anfängt, daran habe ich mich schon längst gewöhnt, auch bei den romantischen Konzerten in *LES FUMADES* unter dem Namen *talents en région*, welche im Juli und August stattfinden und die wir nur selten verpassen.

In der Zwischenzeit sitze ich in der verglasten Veranda und lasse die Klimaanlage laufen, um zu Kraft zu kommen und nicht wie ein nasser Waschlappen herumzuliegen in den heissen Mittagsstunden. Wie oft um die Mittagszeit hatte ich auch heute auswärtige Telefonate. Mit den Callcentern mache ich kurzen Prozess, ich stelle mich einfach dumm und sage mit grässlichem Akzent, dass ich kein Französisch verstehe ("je ne pas compendre frangsä..."). Manchmal wird dann auf der anderen Seite der Hörer aufgehängt gar ohne jegliche Verabschiedung, tja. Heute jedoch hatte ich wieder einmal einen speziellen Anruf, und zwar von einem perfekt deutsch sprechenden Mann (diesmal mit Österreicher Akzent), der sich für unser Anwesen interessierte. Doch bald erkannte ich das bekannte Muster, welches uns bereits in mehreren derartigen Anrufen auffiel. Ich bat ihn zuerst um seine Koordinaten, falls der geplante Verkauf platzen sollte Ende Juli, dann würde ich mich bei ihm melden. Danach fragte ich genauer nach: ob er mit seiner Anmerkung, dass ein Teil des Preises in Schweizer Franken getätigt werden könnte („falls Sie wissen was ich meine...") gemeint habe, dass nur ein Teil des Verkaufspreises offiziell beim Notar abgehandelt würde. „Ja, genau", antwortete er unverblümt. Das Vorgehen bei solchen Anfragen ähneln sich: der Kauf sei z.B. für ein Familienmitglied (also nicht für den Anrufer selbst), um den Preis wurde nicht gefeilscht, am liebsten wollte man grad einen Teil des Geldes direkt übergeben in einer näheren grösseren Stadt und das Objekt wollte nicht einmal vorher besichtigt werden. Diese Herren Rubinstein aus Italien, Ermann aus Kroatien, Josafin mit Schweizer Telefonnummer oder andere dubiose Gestalten... sie waren anfangs freundlich, eloquent und anscheinend unter Zeitdruck, bei näherem Nachfragen ungeduldig und gaben sich stets als Geschäftsherren aus, welche grad nicht zu einer Besichtigung kommen könnten, jedoch ein Treffen z.B. in *AIX-EN-PROVENCE* vorschlugen, um das Geschäft schnell und unkompliziert einzuleiten. Und es kam schon vor, dass ich als „blöde Kuh"... betitelt wurde, wenn ich sagte, dass für uns nur private Interessenten in Frage kämen, welche unser Anwesen auch wirklich selbst bewohnen wollten. Martins und meine Schlussfolgerung waren, dass es sich um Geldwäscherei handeln musste. Aus Drogen, Prostitution, Waffenhandel? Anscheinend müssen Unmengen von Geldern vorhanden sein, denn Herr Ermann zum

Beispiel meldete sich in Abständen von ein paar Wochen schon drei Mal (ich: Ah - guten Tag Herr Ermann... wir hatten bereits das Vergnügen, Sie haben mich das letzte Mal als "blöde Kuh" bezeichnet...). Anscheinend macht er den lieben langen Tag nichts anderes, als ausgeschriebene Immobilienangebote anzufragen, da kann man sich ja nicht alle Objekte merken...

Auch per mail bekamen wir schon dubiose Angebote, indem uns in mangelhaftem Deutsch (Google-Übersetzer lässt grüssen) angeboten wurde, grössere Geldmengen auf unser Konto zu überweisen.

Nun mag man einwenden, dass es doch egal sei, wer das Ganze kauft, Hauptsache weg, Hauptsache Erleichterung, Hauptsache voller Preis. Doch so einfach ist das nicht für uns. Es mag vielleicht allzu romantisch klingen, aber ein solcher Ort wächst einem ans Herz. Bald drei Jahrzehnte konnten wir den Jahresverlauf der Natur beobachten, haben uns mit Schlangen und Skorpionen arrangiert, heftigste Gewitter bestaunt und die Milchstrasse über uns in sternenklaren Nächten. Haben uns nachts auf die noch warmen Steine der Garagenzufahrt gelegt und in den angekündigten Super-Nächten die Sternschnuppen gezählt, haben die Geräusche der Hänge und des nahen Tales ergründet, die nächtlichen Rufe der Füchse und der Unken, das unermüdliche Quaken der Frösche und das ohrenbetäubende Zirpen der Zikaden. Wir haben frühmorgens Schlangen aus dem Pool geholt, tagsüber die Heuschrecken, Wespen und sonstige Insekten. Wir haben hellgrüne riesige Raupen und schillernde Käfer bewundert, und wir konnten sogar manchmal Adler ausmachen, die hoch am Himmel ihre Runden drehten. Und als ich einmal dösend im Liegestuhl am Pool lag und einen warmen Hauch spürte, öffnete ich die Augen und bin zuerst ganz schön erschrocken - ich blickte direkt in die Augen eines weiss-schwarzen Hirtenhundes. Er sass ganz still direkt neben mir und liess sich eine Weile streicheln, bis er wieder so schnell verschwand wie er gekommen war.

Ein besonderes Erlebnis war für uns das Aufziehen von drei kleinen Kätzchen, die wir letzten Frühsommer retteten und mit der Flasche aufzogen, um sie dann in der Schweiz an gute Plätze zu vermitteln. Hier in Frankreich

Nummer 1, 2 und 3...
Sie hätten als wilde
Katzen kaum überlebt

hatte man uns gewarnt: besonders weisse Katzen würden von den Jägern gerne als Zielscheibe benutzt. Zwei von den Drillingen waren schneeweiss mit einem und zwei grauen Streifchen auf dem Kopf, das dritte war ein Tigerli - eine 3-farbige Glückskatze. Dementsprechend hatten wir sie genannt: Nummer 1, Nummer 2 und Nummer 3. Dies vermutlich auch in der Hoffnung, dass wir uns nicht allzu sehr an diese süssen Wesen hängen sollten. Doch die erstrebte Distanzierung mittels Nummerierung war eine Illusion. Mit anzusehen, wie die anfangs ängstlichen flauschigen Knäuel sich in neugierige zutrauliche Racker wandelten, gehört für mich zu den schönsten Erlebnissen mit Tieren in meinem bisherigen Leben. Die Trennung wurde nur dadurch erleichtert, dass die Platzierung in der Schweiz sich genauso abspielte wie ich es mir gewünscht hatte: Erfahrene und liebevolle Katzenhalterinnen, schöne verkehrsarm gelegene Einfamilienhäuser mit katzengerechtem Freilauf... und die unzertrennlichen Nummer 2 und 3 durften gar zusammen bleiben, einfach eine Erfolgsstory!

Im Laufe von so vielen Jahren wächst jedoch auch eine Beziehung zu den Pflanzen und sogar zu den Häusern, was sich vielleicht merkwürdig anhört. Vor allem Gebäude mit Geschichte und Vergangenheit haben eine Art Charakter, eine Ausstrahlung, sie verströmen eine Stimmung und einen Geruch, der einem in dem Moment erfasst, in dem man eintaucht. In Abwesenheit könnte man es in Worten niemals beschreiben. Auch Veränderungen oder Anbauten sind immer ein Eingriff, bei dem man sich einfühlen kann in den Charakter eines Hauses. Oft sieht man Häuser, denen etwas aufgezwungen wurde oder die ohne Rücksicht auf die Umgebung schnell erstellt werden, das fühlt sich dann irgendwie falsch an und unharmonisch. Martin und ich hätten vielleicht mutiger sein können in unseren Umbauprojekten - doch ich hatte immer das Gefühl, dass wir die Häuser sanft in ihrer Art belassen haben. Ich frage mich manchmal, weshalb mir das Loslassen dieses Ortes nicht leicht fällt. Wahrscheinlich geht es um eine Vertrautheit und Verbundenheit, die ich in dieser Form in meiner Jugend nicht erlebt habe; während meinen ersten 19 Lebensjahren war ich an sieben verschiedenen Orten zuhause, unsere Familie ist sehr oft umgezogen. Ich konnte kaum das Gefühl von Beständigkeit an Beziehungen und zu Orten

aufbauen - dieses Gefühl von Verlässlichkeit und Sicherheit habe ich erst
später erlebt, örtlich hier in Frankreich und menschlich mit Martin meinem
besten Freund seit nunmehr 29 Jahren.

24. Juni 2017

Heute gilt es das Gelände rund ums Haus nach zwei Tagen wieder gut zu
wässern. Zum Glück besitzen wir eine eigene Wasserbohrung, welche wir
vor über 20 Jahren machen liessen. Wir hatten zwar schon damals eine
Wasserzuleitung aus einer Quellfassung der Gemeinde, welche wir mit einer zusätzlichen Pumpe mit Druckbehälter ins Haus einspeisten, doch wir
wollten unabhängig sein und vertrauten auf den Rat eines benachbarten
alteingesessenen Franzosen, der uns einen Quellensucher, einen *sourcier*
empfahl. Mit zu erleben, wie dieser schweigsame Mann mit grossen dunk-
len Augen konzentriert mit seiner Wünschelrute die Hausumgebung abschritt und auch Landkarten zu Rate zog und dann zwei Stellen mit kleinen
Holzpflöcken markierte, war schon beeindruckend. Eigentlich kam nur der
eine Ort in Frage, denn der andere befand sich unter den Strom- und Telefonleitungen und es wäre dort schwierig geworden, mit der grossen Bohrmaschine die drei Meter langen Rohre oben jeweils einzuführen, um sie
immer tiefer in den Boden zu rammen. Bei der einen Stelle beim Pool sagte
er, dass es sich um zwei unterirdisch verlaufende Flüsse handle, wir sollten
beim ersten nicht aufhören mit der Bohrung, denn der richtige sei tiefer
unten, ab ca. 13 Metern, habe Trinkwasserqualität und sei ergiebig. Die Sicherheit und Ernsthaftigkeit liess mich staunen und ich stellte mir vor, dass
in seinen Adern gar kein Blut sondern reinstes Wasser fliessen musste. Allerdings waren seine Aussagen mit keinerlei Garantie verbunden - die Firma mit den Bohrungsmaschinen war sozusagen ein neues Kapitel (und
ziemlich teuer), und wir waren sehr gespannt auf das Resultat. Und siehe
da: nach wenigen Metern begann es zu sprudeln, und tiefer unten noch
einmal und sehr heftig, so dass das Wasser sich über unsere Landterrassen
ergoss Richtung unterem Nachbar und sich einen Weg durch seinen Kar-
toffelacker bahnte.

Oh je, das war schlecht, der Nachbar wurde unverhältnismässig sauer und der Beruhigungsversuch durch den Chef-Bohrer brachte nicht viel. Langsam platzte auch ihm der Kragen, denn unser Nachbar *Monsieur PALMIER* sparte nicht mit Beschimpfungen. Aber es blieb nicht unbemerkt, dass die Überdeckung und das Abzapfen eines natürlichen Baches illegal sei, denn dies hatte *Mr. PALMIER* offensichtlich getan, wie der Bohrchef bemerkte. Nun ging es aber zur Sache – *Roger PALMIER* bebte am ganzen Körper vor Wut, er schäumte und schrie, dass er sich von so einem dahergelaufenen Typen doch nichts vorschreiben lassen werde, er drohte gar sein Gewehr zu holen... das Ganze war völlig eskaliert. Jedoch hatten wir immerhin das Gefühl, dass sich *PALMIERS* Wut nicht gegen uns persönlich richtete.

Später erfuhren wir den Grund: er hatte auf seinem Land sehr aufwändig aber vergeblich nach Wasser gesucht und keines gefunden, kam noch dazu, dass unser Anwesen vor zwei Generationen in seinem Familienbesitz gewesen war. Es war also Neid gepaart mit Frust über den früheren Verkauf, denn unser Haus thronte über den 3 Häusern seiner Familie, hatte fantastischen Ausblick und nun erst noch eigenes Wasser. Wir kamen also quasi stellvertretend unter Beschuss, der wirkliche Ursprung war eine tiefgehende Familienfehde, welche sich übrigens bis in die heutigen Tage weiter zieht, mit Gerichtsterminen, nächtlich heimlichem Abtransport von Möbeln nach einem Todesfall, illegales Abzapfen von Strom, Landstreitigkeiten, also wirklich das volle Programm. Doch der freundschaftliche Umgang mit uns blieb auch nach diesem Vorfall glücklicherweise bestehen, denn wir mochten ihn, den ansonsten charmanten *Roger* und *Huguette*, seine kleine Frau, welche ungefähr so breit wie hoch war und lachen konnte, dass sich die Balken bogen. Dann sah man gar nichts mehr von ihren im runden Gesicht eingeklemmten Schlitzaugen, aus denen sich Lachtränen pressten währenddem sie nach Luft japste.

Über eine Stunde wässerte ich die inzwischen kurzgeschnittene Wiese ums Haus, die Salbei-, Rosmarin-, Oleander-, Schneeball-, Hibiskus- und Rosensträucher, die Palmen, welche wir vor über 20 Jahren aus dem Tessin hierher gebracht hatten, die Lilien- und Minzen-Flächen, den Mimosen-, Pinien- und Lindenbaum, die wilden Kirschbäume... das emsige Treiben bei den

blühenden Lavendelsträuchern gerät beim Wasserstrahl jeweils in helle Aufregung - die Zitronenfalter und Schwalbenschwänze, die grossen schwarz-schillernden Holzbienen, Hummeln und die kleinen Wildbienen mit ihren gelborangenen Kleidchen, welche schon seit einer Woche unermüdlich Nektar saugen aus den fortwährend aufs Neue sich öffnenden winzigen violetten Blüten. Die Schwalbenschwänzchen haben sich in diesem Jahr leider noch nicht gezeigt, diese Akrobaten mit ihrem langen ausfahrbaren Rüsseln, mit denen sie zielsicher den Blüteneingang in unglaublicher Schnelligkeit finden, währenddem sie wie ein Kolibri in der Luft schweben. Beim Nachziehen des 30 Meter langen Schlauches passe ich auf, nicht die Überreste einer Maus zu streifen, welche seit gestern Abend auf der Garageneinfahrt liegt. Der vom Rumpf getrennte Kopf ist allerdings seit heute Morgen verschwunden, aber die Innereien werden von winzigen Ameisen seit Stunden emsig in kleinste Portionen geteilt und abtransportiert. Bald wird nichts mehr davon übrig sein.

Eine Zikadenhülle klebt am Baum - das Tierchen ist bereits geschlüpft

9. Juni 2017

Endlich kommt Martin mit seinem neuen Wohnmobil. Wie bei einer feierlichen Parade auf dem *Champs-Elysée* schwebt er langsam durch die Einfahrtssäulen und die beiden werden von mir gebührend beklatscht und begrüsst - auf dem Weg hierher hat Martin auch bereits seine erste Nacht im WOMO verbracht. Da wir nun mit zwei Vehikeln gesegnet sind, verbringen wir die nächsten Tage vor allem mit Räumen und Überlegen, was wir bei unserer voraussichtlich zweitletzten Fahrt in die Schweiz alles mitnehmen wollen: Die Werkstatt wurde bis aufs Minimum geleert, die besten Maschinen, langen Gegenstände wie Aluleiter, Sonnenschirme, Liegestühle, Wäschespinne, Werkbank... alles fand Platz im WOMO und im VW Touran und wir fuhren gemeinsam zurück in die Schweiz. Das tönt nun so easy - doch all diese Dinge nochmals in die Hand nehmen und entscheiden, ob wir es noch behalten, verschenken, verkaufen, wegwerfen sollten, das alles braucht viel Zeit und bei manchem Gegenstand kamen uns Erinnerungen und Geschichten in den Sinn und wir nahmen auf diese Art und Weise im wahrsten Sinne des Wortes stück-weise Abschied von diesem Teil unserer gemeinsamen Lebensgeschichte. Kam noch dazu, dass wir immer wieder versucht waren zu denken, dass wir ja vielleicht wieder „etwas" kaufen könnten, vielleicht im Schwarzwald oder so... und dann ja wieder vieles gebrauchen könnten, weil ja wieder ein Haushalt mit allem Drum und Dran einzurichten wäre... nur meine schmerzenden Hände und das Bewusstsein, dass wir nicht mehr ganz jung sind, liessen mich jeweils wieder zur Vernunft kommen. Niemals mehr würden wir uns ein Anwesen mit grossem Arbeitsaufkommen antun, diese Zeit war nun wirklich ein für alle Mal vorbei! Aber vielleicht eine hübsche Ferienwohnung, dann aber wenigstens mit kleinem Garten, dann aber wenigstens mit einer kleinen Werkstatt... und schon beginnt es wieder in unseren Köpfen zu drehen und zu rumoren! Fertig, Aus, Schluss! Unser nächstes kleines Projekt sollte das Wohnmobil sein und ein unbeschwertes einfaches Reisen, und bald schon verschoben sich unsere Handwerksgelüste in diese Richtung.

In der Schweiz fingen wir bereits mit den ersten Anpassungen an: der schwerfällige Tisch wurde ausgebaut, ein abklappbares leichtes Tischblatt nach Mass hergestellt und an der Badezimmertür befestigt. Einige grössere und kleinere Details würden wir noch ändern müssen - wir hatten wieder was zum Planen, wenn auch im kleinen Rahmen und auf engstem Raum. Auf jeden Fall wollten wir die verbleibenden Wochen in Frankreich durch kleinere Reisen unterbrechen und ausprobieren, wie wir das WOMO optimieren könnten. Denn ohne Werkstatt würde uns ja nur noch übrig bleiben, unser Anwesen noch ganz zu räumen, zu reinigen, das Grundstück zu betreuen und das Land zu schneiden und von Unkraut und stacheligen wilden Brombeeren zu befreien. Da wir allerdings noch immer keine klaren Daten für die notarielle Überschreibung erhalten hatten (denn das war wiederum abhängig von der Überschreibung des Hauses von *DROUSIE*), blieb unklar, ob es sich bei dieser Periode um zwei oder acht Wochen handeln würde. Wir beschlossen also, den Pool noch nicht in Betrieb zu nehmen, damit wir sorglos kleinere Reisen mit dem WOMO unternehmen konnten. Da *Michel DROUSIE* den Wunsch geäussert hatte, dass wir den Pool zusammen in Betrieb nehmen könnten und ihm bei dieser Gelegenheit grad alles erklären und zeigen könnten, war das sicherlich eine gute Idee.

Ausflüge in Frank-reich:

wildromantisch
unterhaltsam
lehrreich
überraschend
beeindruckend
reich an Kultur

13. Juli 2017

Nun war es also so weit, wir fuhren zum letzten Mal nach Frankeich zu unserem *clochette*, und wir genossen die Fahrt mit dem Clever, indem wir die Fahrt auf 3 Tage ausdehnten. Die erste Übernachtung war noch in der Schweiz beim *CREUX DU VAN* im Jura, die zweite beim Vogelpark *VILLARD LES DOMBES* in der *BRESSE*, wo wir bereits vor vielen Jahren schon einmal waren. Wir sind vollauf zufrieden mit unserem Gefährt und freuen uns auf viele zukünftigen Reisli!

Inzwischen hatte sich die Stimmung von *Michel DROUSIE* allerdings einem Tiefpunkt genähert: sein Käufer (der ihm sowieso zutiefst unsympathisch war) hatte sich dermassen viel Zeit gelassen mit dem Nachweis seiner Bank, dass die Finanzen für den Kauf gesichert seien, dass *Michel* in einem Wutanfall drohte, sein Haus nicht mehr verkaufen zu wollen, sollte ihm diese Zusicherung nicht augenblicklich endlich geschickt werden. Denn er hatte grosse Schwierigkeiten, eine Umzugsfirma zu finden auf Ende Juli (ALLE zügeln in Frankreich Ende Juli...) und musste auf entweder Mitte Juli oder anfangs August ausweichen. Zum Glück kam dieses Papier noch innerhalb *DROUSIES* psychischer Toleranzfrist, jedoch hatte sich dadurch alles verschoben und sein neues Datum für den Umzug war der 7. und 8. August. Sein Notartermin für sein eigenes Haus sollte demnach nicht vor dem 8. August sein. Wenn unser eigener Termin ab dem 21. August wäre, würden wir 2'000 Euro *Plus-value* einsparen. *Michel* war einverstanden, allerdings würde müsste er natürlich ab dem 8. August bereits im grossen Haus wohnen, obwohl es noch nicht in seinem Besitz wäre. Es würde also eine gemeinsame Zeit geben, in der wir noch im *Mazet* wohnen blieben und dem zukünftigen Besitzer alles zeigen könnten und hoffen, dass alles gut geht vor der Überschreibung, menschlich und überhaupt. Um grössere Risiken von Schäden zu vermeiden, würden wir die heiklen technischen Einrichtungen wie zum Beispiel die Wasserpumpe in der Quelle in dieser Zeit selbst bedienen... Nervenkitzel war also angesagt. Meine Schwester Lena meinte nur: "Dieses Risiko würde ich nie eingehen... hast du nicht gesagt, er sei ein eher schwieriger Typ?" Und ich hoffe nur, dass sich unser Bauchgefühl bewahrheitet und trotz allem alles gut geht. Denn zu verbergen ha-

VELOCIRAPTOR

Der Vogelpark von Villars-les-Dombes (Parc des oiseaux) ist 380 Hektar groß und wurde im Jahre 1970 eröffnet. Mehr als 2000 meist exotische Vögel, aufgeteilt auf rund 400 Arten aus allen Kontinenten, bevölkern den Park.

Besonders sehenswert ist das "spectacle des oiseaux", wo die Vögel die Zuschauer*innen mit ihren Darbietungen - frei fliegend - faszinieren.

ben wir nichts, alles funktioniert und ist in Ordnung, andererseits kann bei den teilweise alten Einrichtungen jederzeit etwas kaputt gehen und (und das ist noch ungewisser) *Michel DROUSIE* ist ein eher unberechenbarer Mensch, dem seine Nerven auch schon mal einen Streich spielen könnten und der Menschen gegenüber ganz allgemein sehr misstrauisch eingestellt ist. Gut ist nur, dass man sich ins *Mazet* sehr gut zurückziehen kann und wir nicht gezwungen sein würden, einander dauernd auf die Nerven zu fallen... ein gewisses Risiko ist natürlich auch, dass sein Käufer plötzlich vom Kauf zurücktreten würde und *Michel* und *Cathérine* den ganzen Umzug wieder in die andere Richtung vollziehen müssten. Und wir abgesehen davon wieder von vorne beginnen müssten mit der Käufersuche mit einem praktisch leeren Haus, inzwischen ohne Möbel und Haushaltgegenstände, ohne Kühlschrank und Waschmaschine... das wäre wirklich saublöd, gelinde gesagt. Von *Michel* selbst aus ist kaum zu erwarten, dass er zurücktritt, denn er versucht bereits seit drei Jahren sein Haus zu verkaufen und seine Situation mit den Nachbarn ist inzwischen unerträglich geworden, wir konnten uns bei einem Besuch bei ihm ein Bild machen und uns davon überzeugen, dass an ruhige Nachbarschaft innerhalb des Dorfes kaum zu denken ist; besonders in den Sommermonaten wird bis tief in die Nacht hinein direkt neben seinem Grundstück gejohlt und gefestet; die meist belgischen Feriengäste lassen es sich nicht nehmen, in ihrem Urlaub auf den Putz zu hauen.

26. Juli 2017

Heute kam eine karitative Organisation mit zwei Autos vorbei, um viele Gratis-Gegenstände von uns mitzunehmen. Ein Sofa, kleinere Möbel, Geschirr, Bettwäsche und viele kleine Dinge, die man noch gut gebrauchen kann, die wir aber nicht verkaufen wollen. Es ist ein schönes Gefühl zu sehen, wie dankbar das alles entgegengenommen wird. Viele Menschen hier haben sehr bescheidene finanzielle Mittel und es fällt mir immer wieder auf, wie oft beispielsweise Zahnlücken in den Mündern zu sehen sind, weil das Geld für zahnärztliche Behandlungen nicht vorhanden ist. Die Chefin der Organisation *Les 2 Bouts*, eine 65-jährige Frau, welche diesen Job

Die regelmässigen Einladungen für das „verre de l'amitié" unserer verschiedenen Nachbarn dauerten jeweils von mittags bis spät in den Abend... Es wurde gebechert, gelacht, gegessen... Je später desto ausgelassener die Stimmung. Für uns war es Konzentration pur wegen dem schnellen slang du midi, doch immer ein Erlebnis.

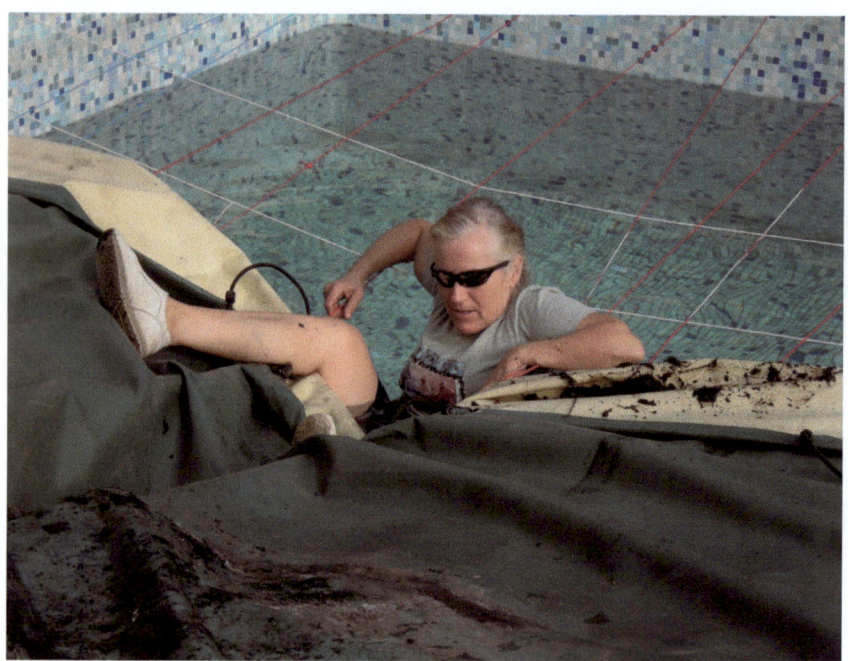

Kleinere Unfälle gehören dazu:
Hier bin ich zwischen die Pooldrähte gefallen...

Ich kann von Glück reden, ist mir nie etwas
Gravierendes passiert, war ich doch teilweise
wochenlang alleine am Umbauen.

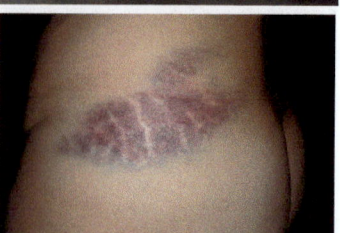

ehrenamtlich ausführt, wird dafür sorgen, dass Bedürftige zu einem sehr bescheidenen Preis solche Dinge erwerben können. Der kleine Laden in *St. Ambroix* ist gut geführt und wird gern aufgesucht. Wir haben ein gutes Gefühl, bei unseren Räumungsarbeiten eine Balance gefunden zu haben zwischen verkaufen, verschenken und entsorgen - auch wenn das ein gewaltiger zeitlicher Aufwand ist. Uns beiden ist Verschwendung und Vergeudung ein Dorn im Auge, und wir haben schon seit jeher Sorge getragen für jegliche auch noch so gering scheinenden Besitztümer, bei uns landen keine Essensreste im Abfallsack, wird keine verkalkte Kaffeemaschine weggeschmissen und nichts Ausgedientes unüberlegt entsorgt. Martin repariert mit Vorliebe technische Dinge und überlegt dementsprechend, wie etwas funktioniert und zu retten wäre. Auch elektrische Einrichtungen hat er erfolgreich geplant und ausgeführt, von der Versorgung mit neuen Steckdosen bis hin zur Verkabelung einer *va-et-vien* Aussenbeleuchtung, einer neuen Küche oder eines neuen Badezimmers. Er kann es schon fast mit einem gelernten Elektriker aufnehmen! Und die Automatisierung der Wasserversorgung unserer Quelle, der Verlegung von Wasserschläuchen, Abläufen oder Warmwasser-Zuleitungen, der ganzen Betreuung des Pool-Betriebs oder des Unterhaltes der 380-Volt-Pumpen... auch im Sanitärbereich hat sich Martin betätigt, wenn auch manchmal ohne Enthusiasmus und manchmal mit viel Frust beim Löten, Verschrauben und Verbinden, wenn die Dichtigkeit zu wünschen übrig liess. Suffizienz war und ist unser Motto, uns beiden bedeutet Überfluss und Luxus nicht viel, schöne Kleider und Designersachen sind uns schnuppe, und Kleider und Schuhe werden getragen fast bis sie sich auflösen.

Seit unsere Lieblingsnachbarn *Dani* und *Ken* wissen, dass wir das ganze Anwesen verkaufen, hat sich unsere Beziehung intensiviert, vor allem mit *Ken*, dem Amerikaner, der uns immer mehr ans Herz gewachsen ist in den letzten Jahren. Er kommt nun oft zum 5-Uhr-Apéro zu uns, immer mit einer Flasche Rosé im Gepäck, und wir sprechen über Gott und die Welt, sitzen zusammen draussen in der Abendstimmung mit Blick ins Tal und je näher wir uns kommen, desto öfters und glaubhafter beteuert *Ken*, wie sehr er unseren Weggang bedauert.

Vor wenigen Tagen waren wir bei *Dani* und *Ken* zum Essen eingeladen. *Dani*, das aus der Bretagne stammende bald 70-jährige Temperaments-Ereignis, das kein Blatt vor den Mund nimmt und von der ich jeweils so schmatzend und laut geküsst werde, dass es mir in den Ohren dröhnt. Sie hat viel Interessantes aus ihrem Leben zu erzählen und ist eine fantastische Gastgeberin. Auch vegetarische Variationen sind für sie absolut kein Problem... Chili-sin-carne ist zum Beispiel eine gute Idee, indem sich die Carnivoren einfach separat bedienen können, das gehört jedoch zu ihren einfachen Gerichten. Diesmal sind wir total 12 Leute, und *Dani* entschuldigt sich, dass sie es sich (nach einem *Apéro riche* mit unter anderem verschiedenen Tapenaden, lecker gewürzten Mozzarella-Tomaten-Kügelchen, Pistazien und selbst gebackenen Blätterteig-Kuchen mit Ruccola-Belag) heute *simple* mache und direkt zum Hauptgang übergehen würde. Ein wunderbarer Gemüse-Auflauf, Linsen-Reis-Beilage, *Aligot* (Kartoffel-Käse-Mus), orientalisch gewürzter Gurken-Zwiebel-Tomaten-Salat, knusprige Hühnerbrüstchen aus dem Ofen. Dazu ein Ingwer-Curry-Sösselchen und (das darf niemals fehlen bei einem französischen Essen!) frisches *Baguette à discrétion*. Was alkoholische Getränke angeht, so geniessen wir nach den *Apéros* wie *Champagner*, Whiskey und dem obligatorischen *Pastis*, zum Essen einen frischen *Bordeaux-Rosé* (aber auch Rotwein wurde gereicht), und Wasser natürlich. Das auserlesene Gedeck, die fein abgestimmten *Accéssoirs* und die wertvollen Kristallgläser gaben dem Ganzen - wie immer - eine gediegene Note. Die Frauen erkundigen sich ausgiebig nach der Machart und den Gewürzen, und ich versuche mich im schnellen Französisch des *Midi*, wobei ich mir inzwischen gar erlauben darf, mich über den *slang* zu mokieren, *le väng et le päng...* und wir haben uns prächtig unterhalten. Ach ja, und die wunderbaren Käsesorten kamen ja auch noch und der fantastische Mandel-Aprikosen-Kuchen von *Dani* war so lecker, dass es kurz ganz ruhig in der Runde wurde. Manchmal guckte ich zu *Ken* hinüber, der diesmal - ganz ungewohnt - ausser Reichweite von Martin und mir platziert worden war und somit verdammt war, dem regen Treiben nur zuzuschauen, für die Getränke zu sorgen und sich Mühe gab, ein wenig von der französischen Konversation zu verstehen. Üblicherweise hatte *Dani* immer dafür gesorgt, dass wir in seiner Nähe zu sitzen kamen, denn wir waren nachweislich die Einzigen

Der jährlich im Sommer stattfindende Mittelalter-Markt in St. Ambroix ist immer ein Riesengaudi - das halbe Städtchen macht jeweils mit. Aber auch professionelle Musikanten, Handwerkerinnen und Falkner zeigen ihre Darbietungen.

in der ganzen Umgebung, die nicht nur behaupteten, Englisch parlieren zu können, sondern dies auch tatsächlich konnten. Und *Ken* hat anscheinend die Hoffnung endgültig aufgegeben, in seinem Alter noch einigermassen akzeptables Französisch zu lernen. Er ist wahrhaftig kein Talent - das sind allerdings unsere französischen Nachbarn auch nicht im umgekehrten Sinne, und *Ken* lässt sich gerne und ausführlich bei uns über die totale Überschätzung der Franzosen (was ihre Englischkenntnisse angeht) aus. Er vertraut uns in letzter Zeit auch seine Sorgen an in Bezug auf seine Stellung innerhalb der Familie seiner Frau - sie sind in zweiter Ehe verheiratet - und seit einer dramatischen Hirnblutung von *Dani* vor etwa 2 Jahren hat sich ihre Beziehung verschlechtert. Er leidet darunter, dass sich *Danielle* seither verändert habe. Es tut uns sehr leid, dass die Gefahr besteht, dass er nach unserem Wegzug noch mehr ins Abseits geraten wird, weil er sich mit niemandem in seiner Muttersprache wird unterhalten können. Am Schluss des schönen Abends holt er eine Karte die er für uns besorgt hat und vorne steht drauf *so sorry you are leaving...*, und innen hat er mit sehr persönlichen Worten sein Bedauern ausgedrückt, und auch die anderen Gäste (die wir alle schon mehrmals getroffen haben), ergänzen auf seinen Vorschlag hin mit netten Worten ihr Bedauern über unser Weggehen.

1. August 2017

Inzwischen haben wir die definitiven Daten erhalten für die Notar-Termine. *Michel DROUSIE* wird am 9. August sein Haus überschreiben – und wird dann bereits bei uns eingezogen sein am Tag vorher. Wir hatten bei uns noch einen Rundgang mit ihm und seiner Partnerin *Cathérine* gemacht, wo wir eruieren wollten, welche Gegenstände – sollten wir sie nicht verkaufen können – sie selbst gebrauchen könnten oder sich gar zum Voraus aneignen wollten. *Michel* machte uns klar, dass er keinen Euro mehr ausgeben möchte, da er bereits über seinem Budget sei. Entgegen unserem früheren Eindruck (er sagte er habe selbst Einrichtungsgegenstände mehr als genug) gab er allerdings bei praktisch allem zu verstehen, dass er die Möbel und Geräte übernehmen würde (falls sie gratis seien...).

Ok, wir hatten verstanden. Das war uns recht, dann hatten wir wenigstens nichts mehr zu organisieren bei jenen Dingen, die wir nicht verkaufen konnten. Kurz nach diesem Rundgang kam dann ein merkwürdiges Telefon von Michel. Er gab zu verstehen, dass er gerne hätte, dass er im *Mazet* die (fast neue) Waschmaschine, den ausziehbaren Eichentisch und das französische Bett sehr gut gebrauchen könnte und sagte kurz und bündig *ne les vendez pas!* Mit keinem Wort machte er Anstalten, für dieses Entgegenkommen unsererseits Geld zu bieten. Ich war irritiert und bald auch ziemlich verärgert. Schon bei anderen Gelegenheiten hatten wir bemerkt, dass die Grenze zwischen distinguierter Höflichkeit und Unverschämtheit bei den Franzosen sehr nah beieinander liegen konnten. Es war anscheinend nicht genug, dass wir beim Verkaufspreis 25'000 Euro entgegengekommen waren, eine ältere Waschmaschine, eine Geschirrabwaschmaschine, einen Kühlschrank, einen Gasherd, einen Elektro/Gasherd, einen freistehenden Grillofen und viele Gartenwerkzeuge gratis weitergeben würden... nun fing er anscheinend an zu wünschen, welche weiteren Dinge wir ihm gratis überlassen sollten resp. wir gar nicht versuchen sollten zu verkaufen!

Unsere Grosszügigkeit hatte dadurch einen Riss erfahren. Wir würden auf jeden Fall versuchen, wie vorgesehen Inserate in das Internet-Portal *le bon coin* zu stellen.

Heute ist Schweizer-Nationalfeiertag und das Thema Feuerwerk in unseren Köpfen, allerdings auf eine andere Art: im Süden Frankreichs und in Portugal wüten grosse Waldbrände und an der südfranzösischen Küste mussten 12'000 Menschen evakuiert werden. An unseren Hängen bläst schon seit Tagen ein trockener heisser Wind, selten war er so heftig wie in diesen Tagen, wo diese starken Böen sich gegen Mittag einstellen und wir im Haus bleiben und uns gar nicht vorstellen mögen, wie hoffnungslos Löschversuche wären, wenn hier ein Brand ausbrechen würde. Ich erinnere mich vor allem an einen grossen Brand sehr nahe an unserem Haus:

Zuerst stieg uns ein Geruch von verbranntem Holz in die Nase, und bald schon sahen wir auf der Krete hinter unserem Haus Rauch aufsteigen... jeden Moment erwarteten wir die Flammen zu sehen, die gegen den Himmel

züngelten und sich langsam aber sicher den Hang herunter Richtung *La clochette* fressen würden. Wir hatten gehört, dass in dieser Gegend keine Steuern für Swimming-pools gezahlt würden, dass allerdings im Gegenzug jederzeit ein Helikopter mit einem Schlauch das Wasser absaugen könnte, falls dies nötig sein sollte für Löschaktionen. Wir sahen Helikopter, und bald schon brummten in anscheinend sehr langsamem Tempo mehrere *Canadairs* in minimaler Flughöhe über unsere Köpfe hinweg und ich meinte schon fast, die Augenfarbe des Piloten erkennen zu können. Mit zitternden Händen demontierten wir das Schattenzelt neben dem Pool *au cas où...* , dazwischen verfolgten wir die Flugkünste der fünf gelb-roten bauchigen Flugzeuge, die gekonnt in einem Bogen sich drehten um dann im Sinkflug ihre Wasserladung über den Flammen zu entlassen. Die *Canadairs* entfernten sich, kamen kurze Zeit später wieder und wieder und es dauerte mehr als 90 Minuten, bis wir den Eindruck hatten, dass sie das Feuer insofern unter Kontrolle hatten, als dass es sich nicht in unsere Richtung weiterfressen würde. Mein Adrenalinpegel war immer noch beträchtlich hoch und ich ging ins Haus, um die französischen Nachrichten am Fernseher einzuschalten. Egal auf welchem Sender, überall waren Nachrichten zu sehen, die Sprecher schauten mit beklemmend betroffenem Gesichtsausdruck in die Kameras und es brauchte ein paar lange Sekunden bis meine Gedanken sich ordnen konnten und ich begriff: hier ging es nicht um Waldbrände... man zeigte zwei Flugzeuge die nacheinander in zwei Hochhäuser in New York flogen. Ich begriff, dass es sich nicht um einen Katastrophenfilm handeln konnte. Es war etwas Furchtbares geschehen, welches niemanden kalt liess und ich hörte mich nach Martin rufen, er solle schnell kommen und sich das anschauen... es war der 11. September 2001.

In den vielen Jahren hier haben wir mehrere Brände in nächster Nähe mitbekommen, zum Glück waren wir nie ernsthaft in Gefahr. Dieses Jahr war insofern anders als die letzten, da es sich um einen extrem heissen und trockenen Sommer handelte. Wie auch schon sind unsere Grasflächen ums Haus inzwischen gelb geworden und wir geben den Sträuchern und Pflanzen Wasser aus der Wasserbohrung. Auf unserem Parkplatz unterhalb des Hauses hat sich ein grosser Baum verändert, es sind drei fast parallel ver-

laufende Stämme - dieser Baum hat nur noch vertrocknete Blätter und wir zweifeln daran, dass er sich erholen wird. Wir haben schon mehrere grosse Bäume auf unserem Grundstück fällen müssen. War es anfänglich noch ein Abenteuer und eine Herausforderung, so macht mir jetzt die Vorstellung, diesen 20 Meter hohen Baum fällen zu müssen (oder fällen zu lassen) einfach nur noch eine Art Widerwillen. Es ist zu heiss, und überhaupt sind mir Herausforderungen dieser Art inzwischen nicht mehr willkommen. Wenn wir zwischendurch mit dem WOMO unterwegs sind, sehen wir immer wieder vertrocknete Büsche und Bäume, die ganze Gegend ist betroffen.

Auch uns macht das schwere drückende Wetter zu schaffen, und jede körperliche Anstrengung lässt den Schweiss aus den Poren treten. Es wäre schön, jetzt den Pool in Betrieb zu haben, doch nur schon die Pflege und der Unterhalt ist unter diesen Umständen kein Spass... und wir hatten ja abgemacht, den Pool erst zusammen mit *DROUSIES* in Betrieb zu nehmen. Ein kleines Trostpflaster waren die regelmässigen Freiluftduschen ohne jegliche Hüllen... doch bei unserem letzten kurzen Ausflug mit dem Wohnmobil Richtung *Hérault* liessen wir es uns nicht nehmen, nach schönen Badeplätzen Ausschau zu halten und es war wunderbar, ins kühle Nass abzutauchen und sich nachher wirklich erfrischt zu fühlen.

Bei diesen Temperaturen um die 36 Grad ist es am besten, im Hausinnern zu putzen oder am Computer zu arbeiten, ich habe also heute Inserate ins Internet gestellt (wir haben inzwischen eine mobile Internet-Box erstanden): 2 Velos, 1 Kühlschrank, 1 professionelle *Débroussailleuse* (Motorsense), 1 ausziehbarer Eichentisch mit 6 Stühlen, 1 französisches Bett, 1 Staubsauger, 1 neuwertige Waschmaschine, 1 Ständerbohrmaschine... schon am Abend hatten wir dann die *Débroussailleuse* und ein Velo verkauft. Der Herr der sich für die *Débroussailleuse* interessierte, versuchte den Preis von 160 Euros zu drücken, als es dann ums Zahlen ging, hatte er nur 135 Euros im Portemonnaie... *ma femme doit avoir pris de l'argent et m'a rien dit...* sagte er entschuldigend. So sind sie, die Franzosen, sie müssen aus Prinzip händeln, und wenn es allzu peinlich wäre, bei all dem Gratis-Zubehör nochmals auf den Preis zu drücken, dann erfinden sie halt eine

Story. Oder wie es beim letzten Nachtessen bei *Dani* gesagt wurde: *Qui ne triche pas, ce n'est pas un vrai français!* Das Preisdrücken ist einfach ein Muss, das beginnt schon am Telefon, bevor sie den Verkaufsgegenstand überhaupt begutachten können. Das ist auch so, wenn der Preis konkurrenzlos tief, der Gegenstand in einmalig gutem Zustand und der Käufer gut bei Kasse ist. Ein befreundeter Nachbar hatte uns vor kurzem detailliert von seiner Eroberung eines Occasion-Wohnmobils berichtet, und uns ungewollt tief in seine französische Seele blicken lassen.

In den letzten zwei Wochen konnten wir ausser Reinigen eigentlich nur noch auf dem Land arbeiten, da wir keine Werkstatt mehr haben. Nun sind wir ganz froh, dass dies nun ohne *Débroussailleuse* nur noch von Hand erfolgen konnte, theoretisch, denn bei dieser mörderischen Hitze würden wir dies ziemlich sicher unterlassen. Terminé, finito, Schluss-und-Aus, finished!!!! Mein rechter Mittelfinger ist geschwollen und ich kann ihn gar nicht mehr richtig ausstrecken, manchmal bleibt er in gebogenem Zustand einfach hängen und ich muss ihn mit Kraftanstrengung retour spicken lassen; die Arthrose macht mir besonders bei Hitze und beim Arbeiten von Hand Schmerzen, ich werde mich also zusammenreissen und möglichst nicht mehr viel werkeln.

Vor 20 Jahren war das noch kein Thema. Ich erinnere mich, als ich allein auf *la clochette* war und einen kleinen Birnbaum mit der Kettensäge abschneiden wollte. Er kränkelte seit Jahren, und da er der vorderste in einer Reihe von 5 Bäumchen war, wäre sein Dahinscheiden auch aus praktischen Gründen von Vorteil, denn es war ein gut zugänglicher Platz, wenn man mal das Auto vor dem Haus abstellen wollte. Er war jeweils der erste, der nur so strotzte vor kleinen Blüten, um dann jedes Mal als Einziger keine Früchte zu produzieren, nur kleine einzelne verkrüppelte krumme Dinger kriegten wir zu sehen. Ich nannte ihn deshalb das Grossmaul, weil er quasi anfangs viel versprach und dann doch jedes Mal nichts dahinter war. Die Zeit für diesen kleinen Aufschneider war nun endgültig abgelaufen, das stand fest. Die Schwierigkeit war nur, dass die Heilerin, welche damals einen Hausteil für ein Jahr gemietet hatte, uns all jene Bäume aufgezählt hatte, auf denen die *invisibles* hausen würden und uns einschärfte, diese Bäume nicht anzurühren. Es blieb unausgesprochen aber klar, dass uns ansonsten grosses Unheil widerfahren würde. Nun - Ich glaube nicht wirklich an solche Geister. Doch ausschliessen wollte ich diese Möglichkeit auch nicht... denn es gibt bestimmt mehr zwischen Himmel und Erde, als wir Menschen uns vorstellen können. Ich stellte mich also am Vorabend meines Vorhabens vor den Baum und sagte zu ihm: Also lieber Baum, morgen werde ich kommen und dich abschneiden, ich glaube, du fühlst dich sowieso hier gar nicht wohl. Falls du bewohnt bist von den *invisibles*, so solltest du ihnen das mitteilen. Und sag ihnen, sie haben Zeit, sich bis morgen einen anderen Wohnort zu suchen, Auswahl hat es ja wahrlich genug. Gute Nacht.

Am nächsten Tag hatte sein letztes Stündchen geschlagen, und... uns geht es immer noch gut. Das war vor etwa 22 Jahren. Seither mussten wir auch sehr grosse Bäume fällen, zum Teil mit Hilfe: drei teilweise mächtige Kirschbäume, die von Ameisen regelrecht durchhöhlt waren, einen Apfelbaum, die anderen Birnbäumchen, und einen grossen alten Walnussbaum. Dieser wunderbare Nussbaum musste vor 2 Jahren den Baumaschinen weichen, weil ansonsten die bei einer der berüchtigten *épisodes cévenols* zusammengebrochene Mauer nicht wieder hätte aufgebaut werden können. Im Gegenzug dazu freuen wir uns an all den Bäumen, Pflanzen und Sträuchern, die wir gepflanzt haben; vor allem die aus dem Tessin stammenden Palmen gedeihen prächtig und sind inzwischen fast 3 Meter hoch. Doch ich weiss natürlich nie, welches neue Heim sich damals die *invisibles* ausgesucht haben - die neue Adresse haben sie uns nicht hinterlassen.

8. August 2017

Vom 2. bis 7. August war ich in der Schweiz. Nebst einem mir wichtigen Krankenbesuch musste ich ja auch noch schauen, ob wichtige Zahlungen zu tätigen waren und ob zuhause alles in Ordnung war. Die Hinreise anfangs August machte ich mit dem Zug und meine Befürchtungen bewahrheiteten sich, dass keine freien Plätze und somit ein wenig Luft zu finden gewesen wäre, jetzt in der Hochsaison, und dass die Klimaanlage teilweise ausfiel, Kinder quengelten und dass (glücklicherweise nicht die ganze Fahrt) Reisende unsägliche Banalitäten und peinliche Stories von sich gaben, am Handy intimte Details erläuterten, die Luft von Schweiss und Bierduft getränkt war. In der Schweiz dann war die Hitze allerdings ebenfalls ungewöhnlich hoch und ich war froh, in unserem kühlen Haus nach einem 10-stündigen Reisetag einen erholsamen Schlaf zu finden. Ich hatte Martin noch gewarnt vor den nächsten 3 Tagen, an denen 38 Grad Hitze in Südfrankreich angesagt war und er dementsprechend den Garten wässern musste. Es war abgemacht, dass *DROUSIES* am 7. Und 8. August einziehen würden und empfindliche Dinge wie Pflanzen, Instrumente bereits am Wochenende vorher bringen würden. Martin hatte also alle Hände voll zu tun, zudem hatte sich ein befreundetes Paar angemeldet, welches mit dem Motorrad in Frankreich unterwegs war und gerne bei uns vorbeischauen würde. Bei dieser mörderischen Hitze und in Anbetracht von liebem Besuch war der Gedanke, den schönen grossen Swimmingpool immer noch unter der Blache zu wissen, einfach unerträglich. Zudem hatte *Michel DROUSIE* erwähnt, dass er einen Auftrag für die Herstellung eines Flugzeugteil-Modelles erhalten hatte – d.h. er musste dies als gelernter Modellschreiner mit Holz anfertigen und bereits Ende August fertig sein. Martin beschloss also, nicht mehr länger zu warten, da ja auch von *Michel* kaum Mithilfe zu erwarten war, und setzte den Pool in Betrieb. Das tönt ja nun so einfach, doch das bedeutete stundenlanges Abmühen, Algen absaugen, Hin- und Herspringen vom Maschinenraum zum Pool und zurück, die Verspannungen und Heringe für die schwere Blache sachgemäss abmontieren, die richtigen Chemikalien zur richtigen Zeit und in der richtigen Reihenfolge einzubringen, die Kacheln zu schrubben, die Leiter zu montieren, die Wasserqualität zu messen... und dies alles bei gegen 40 Grad Hitze und allein. Die jahrelange Erfahrung hat sich jedoch offensichtlich gelohnt, bei meiner Ankunft gestern Nachmittag erblickte ich einen wunderbaren Pool mit kristallklarem Wasser, sauberen Kacheln und einer Wassertemperatur von etwa 22 Grad, einfach grandios! So konnten wir uns wenigstens die nächsten 2 Wochen an ihm erfreuen und darauf freuten wir uns gewaltig.

Am Nachmittag dann kam unser Freund Michael mit seiner Frau Helena mit dem Motorrad an, einem BMW R1200GS, vollbepackt und sie waren

Erholsame Ausflüge innerhalb Frankreichs, am liebsten in
der Nebensaison, liessen wir uns nicht nehmen (hier an die
riesigen Strände von Grau du Roi).

Sonnenuntergang auf dem Mont Ventoux

froh, aus ihren verschwitzten Töff-Klamotten zu kommen und sich ausru-
hen zu können. Es war interessant, aus Michaels Mund seine Erinnerungen
zu hören zu unserem Grundstück und den Häusern - ganz am Anfang war
er bei uns gewesen und nun ganz am Schluss, dazwischen fast 3 Jahrzehnte, nicht nur für unser Anwesen, sondern auch in unseren Leben. Der inzwischen ergraute Michael hatte in der Zwischenzeit viel erlebt, hatte grosse
Reisen mit grossen Motorrädern gemacht, war nach Brasilien ausgewan-
dert und hatte eine Pousada aufgebaut mit mehreren Gästehäusern, Gär-
ten, Restaurant und Poollandschaft; auch ein eigenes grosses Haus für sich
und seine brasilianische Frau hatte er vor wenigen Jahren bauen lassen. In-
tensive Zeiten – leider auch was schlechte Erlebnisse in der brasilianischen
Mentalität und vor allem der hohen Kriminalität angeht.

Und so ist er vor 2 Jahren wieder nach Europa zurückgekehrt und hat alles
verkauft. Mit diesem überraschenden Besuch schliesst sich für uns irgendwie der Kreis von *la clochette,* auch wir hatten viel zu erzählen und wir ver-
brachten einen schönen Abend zusammen. Geschlafen haben die zwei auf
dem Sofa im *Mazet,* welche die *DROUSIES* bereits dort platziert hatten und
welches sich als bequemes Ausziehbett entpuppte.

9. August 2017

Die *DROUSIES* haben viel um die Ohren, das Haus ist vollgestopft mit Möbeln, Schachteln, tausend unnützen aber charmanten Gegenständen. Die
Doppelgarage ist ebenfalls gut gefüllt, und die Drousie-Katze versteckt sich
ängstlich in einem Zimmer unter *Cathérines* Bett und ist gestresst. Die Zü-
gelmänner haben mit total 5 (statt 4) Lastwagenladungen innert 2 Tagen
ihr Bestes gegeben, und anscheinend hatte sich das Unternehmen verkal-
kuliert, was die Menge der Waren angeht. *Michel* bleibt unerbittlich und
wird nur den offerierten (und sicherlich runtergehandelten) Preis bezahlen
- und den abgebrochenen Drehknopf seines grossen Herdes wird er zusätzlich in Rechnung stellen.

Seit dem ersten Zügeltag vorgestern scheint sich seine Anspannung ein wenig zu lösen. Das sagt er uns auch, denn *Cathérine* habe die Energien dieses Ortes ausgependelt und seither fühle er sich besser. Wir sind beruhigt, ein bisschen, denn die *DROUSIES* machten uns den Eindruck, als seien sie immer für eine Überraschung gut. Ob nun ein Hund von weitem bellte, der Wind auffrischte oder die Wasserpumpe sich in Betrieb setzte, jedes Mal war so etwas Anlass zu kurzaufflammender Panik und eigentlich sinnlosen Fragen: ob es viele Hunde hätte, sie immer und die ganze Nacht bellten, es hier immer und heftig winde, die Pumpe dauernd und immer so laut töne... wir mussten den Eindruck kriegen, dass sie äusserst misstrauische Menschen sein mussten und eigentlich nur immer das Schlimmste erwarteten. Und indirekt natürlich auch, dass wir nicht vertrauenswürdig sein konnten, denn wir gehörten ja auch zu der Spezies Mensch, und Menschen kann man ja nicht trauen, *normalement*. Allerdings konnten auch sie als intelligente Menschen die Tatsache nicht verleugnen, dass wir aus eigenem Wunsch es nicht darauf angelegt hatten, nach dem Notartermin die Schlüssel zu übergeben und zu verschwinden... und sie mit all den womöglich verschwiegenen Mängeln zurückgelassen hätten: der Pool wäre nicht zum Laufen gekommen, die undichten Wasserleitungen hätten sich ins Haus entleert, die Stromversorgung wäre zusammengebrochen und die sichtbar gewordenen Schimmelstellen hätte ihre giftigen Sporen in die Wohnluft entlassen. Die Legionellen hätten sich beim Duschen in ihre Lungen eingenistet, Türen wären nicht zu Schliessen gewesen, deshalb hätten Einbrecher leichtes Spiel gehabt und sie überfallen. Die Winde hätten an ihren Nerven gerüttelt und das Hundegebell sie um den Schlaf gebracht. Und wir zwei wären ja über alle Berge gewesen... welch ein Desaster!

Doch gestern Mittag sassen sie relativ gelassen auf der Nordterrasse, zogen an ihren selbstgedrehten Zigaretten und tranken vor dem Mittagessen ein Glas Rotwein – und luden uns gar zu einem Gläschen ein, und wir unterhielten uns über Elektroinstallationen und die verschiedenen Todesarten, die man sich zuziehen konnte. Wir hatten sie vorsorglich informiert, dass der Küchenboiler im Hausteil eventuell Mühe beim Aufheizen hätte und dies bestätigte sich heute, denn er hatte nach der langen Zeit im ausgeschalteten Zustand nur gerade 1 einziges Mal aufgeheizt. Wir durften gar in

DROUSIES Abwesenheit das Ganze untersuchen, Martin baute den Thermostat aus zur Funktionskontrolle mit dem Strommultimessgerät und siehe da: wie schon bei anderen Warmwasserboilern war dies der Grund für die Störung. Nun machten wir uns also auf die Suche nach einem Thermostat, denn den ganzen Boiler ersetzen... das wollten wir wenn möglich auch wegen dem grossen Arbeitsaufwand vermeiden. Wieder einmal zeigte sich der Vorteil einer jahrzehntelangen *Bricolage*-Erfahrung.

Heute nun war *Michel DROUSIES* grosser Tag, der Notartermin war auf 15:30 Uhr angesetzt, vorher wollten sie noch schnell (!?) ihr grosses Haus reinigen. Sie würden sich vorher also dort mit ihrem Immobilienmakler treffen und zusammen den *relève de compteur* erstellen, um zu schauen, *s'il est tombé un mûr par éxemple...* , wie *Michel* schmunzelnd bemerkte. Dann würden sie in *LES VANS* beim Notar das Ganze abwickeln und ab jenem Augenblick wäre das Haus nicht mehr ihres und sie würden nicht mehr dorthin zurückkehren. Auf meine Frage nach seinem Seelenzustand zuckte er nur gelassen mit den Schultern und drehte wie üblich mit dem rechten Zeigefinger seinen langen weissen Bart in einer fast zärtlich anmutenden sich wiederholenden Rechtsdrehung.

Während *DROUSIES* Abwesenheit machten wir uns auf den Weg nach einem Thermostat. Zuerst wollten wir es im 6 km entfernten *ST. AMBROIX* versuchen. Im Do-it-Zubehör *GAMAG* hiess es nur *non, je n'ai pas... il faut aller à ALÈS* . Da wir gelernt hatten, uns nicht auf Auskünfte zu verlassen, nahmen wir uns den wenige hundert Meter entfernten *BRICONAUTES* vor. Wir zeigten das defekte Teil, worauf die Kassierin charmant überzeugt meinte: *oui nous avons ça, c'est tout droit puis à droite.* Wie erwartet war dort weit und breit kein Thermostat zu sehen und ein Angestellter bestätigte uns das Nicht-Vorhanden-Sein, er meinte: *il faut aller chez FIC à ALÈS* . Da Martin sich erinnerte, dass wir vor ca. 20 Jahren noch bei einem weiteren Geschäft in *ST. AMBROIX* waren, fuhren wir noch zu *STE SERRE & FILS SARL* , einem etwas versteckten *SUPER CASH MENAGER*-Geschäft und siehe da, wir bekamen das richtige Teil, allerdings ohne Verpackung und auf meine Nachfrage hin ohne Garantie, denn das sei so üblich auf elektrotechnische Ersatzteile. Ich mochte nicht streiten, auch wenn ich mir nicht sicher

Schöne Momente mit Freunden und Gästen
- und vor allem auch mit Kindern:
Blödeleien und Spass unter
"Handwerker*innen", beauty-sessions unter
Frauen, Kindergeburtstage am Pool, Spass
auf dem Jahrmarkt in St. Ambroix...

war, ob diese Aussage richtig war. Einkaufstouren in Frankreich sind aufreibend: neue Geschäfte können schon nach einem Jahr pleite sein oder den Besitzer gewechselt haben, überzeugt klingende Auskünfte konnten richtig oder falsch sein, und Preise für ein und dasselbe Produkt können extrem unterschiedlich sein. Aufgrund der im Grosshandel wie *ENTREPÔT* oft günstigen Preisen darf man sich nicht dazu verleiten lassen anzunehmen, dass ein kleiner Händler dieselbe oder bessere Qualität (und manchmal gar auf Mass) nicht ebenso günstig oder gar zu besseren Konditionen anbieten konnte. Man muss also immer und dauernd auf alles gefasst sein, was Änderungen anbelangt. Die für uns ungewohnt schnellen Wechsel betreffen auch Restaurants, und wenn wir letztes Jahr in einem Restaurant zufrieden waren und es weiter empfehlen wollten, dann nur mit der Einschränkung *ça c'était l'année passée...*

In Frankreich ist man schnell bei Projekten, schnell erstellt, schlecht gemacht, schnell vorbei... und so sind die vor ein paar Jahren aufgestellten Wanderwegweiser in unserer Nähe bereits zersplittert vom Regen und liegen am Boden, die schön gemalte Tafel beim Ortseingang von *ST. JEAN DE VALERISCLE* wo darauf hingewiesen wird, dass hier die Cevennen beginnen, ist verbleicht und unleserlich geworden, und die frisch geteerte Strasse hinauf zu uns wurde beim letzten Unwetter erneut unterspült und musste länger gesperrt bleiben. Auch die grosse vor zwei Jahren erstellte Mauer mit riesigen Steinblöcken brach beim letzten Unwetter wieder teilweise zusammen. Die vor vielen Jahren angekündigten Projekte eines Bike-Trails auf der Kohlehalde, eines Restaurants im Dorf-Turm, dem Wiederaufbau des Schlosses *MARICAN* (es wurde in den 70er Jahren kurzerhand in die Luft gesprengt weil man die Unterhaltskosten vermeiden wollte) und dem Erstellen und Unterhalt von Wanderwegen oberhalb des Dorfes sind im Sand verlaufen. Die illegalen Schuttablagerungen werden nicht geahndet, Asbest-Platten nirgends zur Entsorgung entgegengenommen (kein Wunder werden sie im Wald entsorgt), Bau- und Zonenordnungen dauernd geändert, Bauaufträge an erwiesenermassen schlecht arbeitende Firmen vergeben nur weil der Besitzer eine wichtige politische Stellung im Dorf innehat. Die französischen Steuern werden fantasievoll aufgemotzt (es gibt sogar

Steuern auf Steuern) und steigen stetig ohne dass wir eine Gegenleistung sehen würden. Neidische Nachbarn erreichen, dass die seit ewigen Zeiten vorhandene Strassenlaterne welche unser Haus ebenfalls erhellte aber nicht auf der öffentlichen Strasse steht, abmontiert wurde. Das war vor 10 Jahren und die Begründung, dass die Laterne weiter unten auf die Strasse verlegt würde, hat sich nicht bewahrheitet. Die für uns entstandenen Wasser-Schäden aufgrund von illegal zugeschütteten Bachläufen und dementsprechenden Verstopfungen und Überschwemmungen mussten wir selbst bezahlen und der illegale Zustand des Bachbettes bleibt bestehen.

Als wir vor 27 Jahren hierher kamen, wurde unser Wasserreservoir von einer 50 Meter entfernten Quelle gespiesen. Dieses Trinkwasser war für uns kostenlos, allerdings mussten wir für den nötigen Druck in den Häusern selbst besorgt sein mit Pumpen und Druckbehälter. Eigentümer dieser guten ergiebigen Quelle waren früher die umliegenden Hauseigentümer und diese mussten jährlich die Quellfassung reinigen und instand halten, hatten dafür keine anderen Kosten für zum Beispiel Gemeindewasser. Um sich diese Reinigungsarbeiten zu sparen, schenkten die Eigentümer die Quelle der Gemeinde *ST. JEAN DE VALÉRISCLE*, welche fortan für die Quelle und ihren Unterhalt zuständig war, als Gegenleistung blieb der Bezug weiterhin kostenlos. Ein paar Jahre funktionierte das, bis die Gemeinde auf die glorreiche Idee kam, die Wasserquelle zu Geld zu machen... und sie verkaufte das Ganze an eine halbprivate Firma, welche unverzüglich Zähler installierte, damit sie Geld für den Wasserverbrauch verlangen konnte. Selbstverständlich geschah dies alles ohne uns zu informieren geschweige denn zu fragen. Hätten wir nicht zufälligerweise gesehen, dass Arbeiter am Graben waren, hätten wir auch nicht die Möglichkeit gehabt, für unsere beiden Häuser (für die wir separat Steuern bezahlten) auch zwei separate Zähler zu erhalten. Als dann später Vorschriften erlassen wurden betreffend Abwasser, haben wir auch unsere Sickergruben, die *fosses septiques* aufgelöst und Abwasserleitungen verlegen lassen. Dass die zuständige Baufirma horrend teuer offerierte und bei den 300 kg eingesetzten Steinen 5 Tonnen verrechnete (!) sei hier nur am Rande erwähnt, immerhin wurde der Fehler aufgrund unserer Intervention korrigiert. Nun ja, das Thema Wasser ist hier sowieso ein Dauerbrenner; es gibt viele Geschichten von Streitigkeiten unter Nachbarn, illegalen Abzapfungen, illegalen Abführungen von Schwarzwasser zum Nachbargrundstück oder in den Fluss, nicht eingehaltenen Vorschriften von frei zu lassenden Bachläufen damit bei Unwettern die Wassermengen abfliessen können. Ich denke allerdings, dass dies nicht nur ein Phänomen von Südfrankreich ist. Getrickst, geschummelt und übervorteilt wird überall, speziell ist hier vielleicht die Verbandelung von Freunden und dementsprechenden geschäftlichen Abwicklungen, aber das findet man in der Schweiz zum Beispiel im Wallis vermutlich in ähnlichem Ausmass.

11. August 2017

Immer wieder bringen wir uns ins Gedächtnis, was wir alles in den letzten Jahrzehnten eingerichtet, erstellt, repariert, erbaut haben. Wenn wir nur schon bedenken, was dauernd in Betrieb und dementsprechend kaputt gehen kann und gewartet, repariert oder ersetzt werden muss, wird klar, weshalb man als Hausbesitzer immer auf Trab bleibt. Eine kleine Bestandesaufnahme: 6 WC, 4 Waschmaschinenanschlüsse, 11 Lavabos, 5 Boiler, 3 Wasserpumpen (inklusive Druckwasserspeicher und Wasserreservoir), 6 Duschen/Badewannen/Solarduschen, 17 Elektroheizungsgeräte, 1 Geschirrspüler, 8 Aussenwasserventile, 1 Pool-Filteranlage, 4 Holzheizungen. Bei den mehreren Elektrotableaux und den Dutzenden von Elektroleitungen, Lichtschaltern, Lampenanschlüssen und Steckdosen haben wir aufgehört zu zählen. Dazu kommen natürlich die vielen Geräte für den Unterhalt von Land und Haus wie *Débroussailleuse*, mehrere Rasenmäher, Kettensägen, Betonmischer, und all den Werkstattmaschinen wie Bohrer, Stich- und Kreissägen, Schleif-, Hobel- und sonstigen Maschinen... es ergibt sich eine unglaubliche Vielzahl von Beschäftigungsmöglichkeiten. Neben all den technischen Dingen muss natürlich noch der Unterhalt der Häuser und entsprechenden Dächern, Wasserabläufen, Fensterläden, Metall- und Holzbrüstungen, Toren,... bewältigt werden. Eigentlich ein Wunder, dass wir uns trotz allem viele schöne Ausflüge, kulinarische Abenteuer, Konzerte und Ruhe- oder Siesta-Stunden im Schatten des Hauses gönnen konnten.

Sirona - Göttin der Quellen.

Das Thema Wasser spielt in der Gegend eine grosse Rolle. Es gibt Gerüchte um illegal abgezaptes Wasser unter Nachbarn. Oder um Wasserreserven und unterirdische Flüsse, abgesackt durch den intensiven Untertage-Abbau für die Kohleminen in der Gegend bis in die 70er-Jahre. Auch Filme wie "Manon des sources" 1952 von Marcel Pagnol zeugen von der Bedeutung und den Streitereien rund um das flüssige Gold.

Der ganze Hang mit den Olivenbäumen war noch vor kurzer Zeit akustisch eingehüllt in einen Zirpschleier von Hunderten von Zikaden. Doch irgendwie scheint es diesen Sommer anders zu sein - wo sind nur die Zikaden geblieben, wir hören kaum mehr eine. Überhaupt habe ich in letzter Zeit den Eindruck, dass es weniger Insekten hat als früher, das zeigt mir nur schon meine Auto-Frontscheibe, auf der kaum mehr aufgeknallte Resten von fliegenden Insekten zu finden sind. Igendwie unheimlich.

Die Temperaturen sind nun nach kurzer Verschnaufpause wieder am Steigen, die nächsten Tage werden wieder ca. 35 Grad erreichen. Die Grünflächen sind gelb und trocken, beim ersten Sonnenstrahl um etwa 8.30 Uhr ziehen wir alle Storen runter und die Vorhänge werden noch zusätzlich vorgezogen. Bevor sich die Schwimmbadpumpe um 10 Uhr automatisch in Betrieb setzt, überprüfen wir, ob sich ein Skorpion, eine Eidechse oder ein Fröschlein, manchmal gar eine Schlange in den Pool oder in den Skimmer verirrt haben. Schon manchen ertrunkenen kleinen Frosch haben wir im Skimmer entdeckt, wenn er sich im Sog des Wassers nicht mehr befreien konnte. Wenn sie sich im Schutze der Nacht ein neues Zuhause suchen, muss der Pool für sie der ultimative Traum aller feuchten Froschträume sein... doch leider kommen sie ohne Hilfe nicht mehr heraus. Ich bringe sie dann jeweils in die Nähe der zweiten Quelle wo es nass ist, oder an den Rand unseres oder des Nachbars Wasserbecken, wo ein Biotop von Leben sich jedes Jahr ein Stelldichein gibt: Wasserflöhe, Kröten, Frösche, manchmal Schlangen, und oft grosse Helikopter- oder auch kleine blauschillernde Libellen, die manchmal als herzförmiges Gespann während der Paarung umherfliegen und einen Platz suchen, um die Eier unter der Wasseroberfläche abzusetzen. Bevor es zu heiss wird, befüllen wir den Süsswassertank im grossen Haus, holen ein paar der reifen Feigen und Äpfel und ziehen uns schon bald wieder ins Mazet zurück. Dort verbringen wir unsere Zeit damit, alte Unterlagen zu sichten und nochmals durchlesen, um es dann grösstenteils wegzuschmeissen. Interessantes für *DROUSIES* behalten wir noch zurück, denn irgendwann hätten sie vielleicht die Musse, den Werdegang der Häuser zurückzuverfolgen – im Moment waren sie intensiv damit beschäftigt, sich einzurichten und die vielen Kartonschachteln *peu à peu* zu leeren. Die Katze *MANOU*, die wir bereits bei unserem Besuch bei *DROUSIES* kennengelernt hatten, war natürlich durch die Vorbereitungen und nun durch den Ortswechsel ziemlich durcheinander. Doch schon am dritten Tag fing sie an, die Umgebung des Hauses zu erkunden und es bestand kaum mehr Gefahr, dass sie weglaufen würde. Sie hatte sich in unglaublich kurzer Zeit hier heimisch gefühlt und wird auf *La clochette* ein paradiesisches Katzenleben führen, kann die Mäuse von den Häusern fernhalten und in den Hängen umherstreunen, hat ihre Menschen um sich herum die sie lieben und die Haustüre von *Cathérine* kann im unteren Alu-Teil relativ einfach mit einem Katzentürchen versehen werden. Nebst dem Zügel-Chaos haben *DROUSIES* Schwierigkeiten, ihre Telefonleitung in Betrieb nehmen zu lassen. Sie möchten ihren bisherigen Lieferanten *SFR* beibehalten, denn er sei günstiger als *ORANGE*.

Wir hatten vor einem Jahr die separate Telefonleitung des *Mazet* in Betrieb genommen und unsere Nummer vom grossen Haus behalten. Die *SFR* waren anscheinend nicht fähig herauszufinden, um welche Leitung es sich bei *DROUSIS* handelte und falls sie die letzte Telefonnummer brauchten welche dort in Betrieb war, so war das eben die unsrige, und die war ja immer noch besetzt von uns – allerdings mittels einer anderen Leitung. Ich konnte gar die letzte funktionierende Nummer vor uns herausfinden (1988), doch das war natürlich nicht hilfreich und nun muss ein Techniker kommen und sich das Ganze mal ansehen. Mit unserem Anbieter *ORANGE* (früher *FRANCE TELECOM*) hatten wir schon mehrmals grosse Schwierigkeiten gehabt und die Unfähigkeit der Mitarbeiter zu spüren bekommen. Die ganze Organisation ist so unübersichtlich und in Unter- und privatisierte Organisationen aufgeteilt, dass man den Eindruck bekommt, die Linke weiss nicht was die Rechte tut, und die Freundlichkeit der Callcenter-Mitarbeitenden ist eine reine Farce, so man denn überhaupt einen Menschen an den Draht kriegt. Ich wollte auf jeden Fall unsere Leitung aufgehoben wissen, bevor wir weggingen. Nach einer Stunde vergeblichen Versuchen mit automatisierten Abläufen (bei denen ich mehrmals in einer Schlaufe landete und nicht mehr weiter kam) bekam ich doch tatsächlich eine englisch-sprechende Serviceline in die Hände mit einem richtigen Menschen aus Fleisch und

Blut (er weigerte sich jedoch dass ich es auf Französisch abwickeln wollte). So konnte ich also auf Englisch mit einem Angestellten der französichen *ORANGE* der womöglich auf den Malediven sass und mit französischem Akzent ein sehr schnelles Englisch sprach, unseren *Contrat ligne sécondaire ligne fix* in *ST. JEAN DE VALÉRISCLE* auflösen, und zwar auf den 22. August. Er konnte mir zwar keine Auskunft geben zu den Kosten und zum genauen Zeitpunkt (*it will be on the twenty-first during the day*), doch immerhin, ich hatte Hoffnung - besonders erstaunt war ich, dass es so einfach ging... wenn man denn endlich eine Service-Nummer im Internet gefunden hatte, die NICHT vollautomatisiert war und nur ab Band lief und auf der die Option der Kündigung gar nicht erst auftauchte. Mal sehen.

Ein merkwürdiger Duft stieg uns in die Nase, irgendwie bekannt, irgendwie nach Rauch, nach Brand vielleicht? Ich ging nach draussen, es war kein Feuer oder Rauch zu sehen. Es kam aus *DROUSIES* Richtung und Martin meinte: das riecht nach Marihuana... oh ja genau, das war es, ich kannte den Geruch, auch ich hatte in meiner Jugend hin und wieder einen Joint geraucht. Ich erinnerte mich an *Marcel*, einen Schweizer, der unser *Mazet* mal gemietet hatte vor vielen Jahren. Bei einer symbolischen Monatsmiete von ca. 60 Franken im Monat wäre es seine Aufgabe gewesen, das Land um die Häuser zu schneiden um zu signalisieren, dass das Anwesen nicht leicht einzunehmen wäre für eventuelle Einbrecher. Am Anfang ging es einigermassen gut, doch dann liess sein Eifer nach, er hielt sich nicht mehr an die Abmachung, schnitt noch schnell das Gras bevor wir kamen (und zertrümmerte dabei eine Scheibe unseres Wintergartens), brachte seine bescheidene Miete nicht mehr auf und errichtete hinter dem *Mazet* versteckt einen kleinen Hasch-Garten mit etwa 20 Pflanzen, die er hegte und pflegte. Das Kiffen störte uns nicht wirklich, denn *Marcel* hatte es immerhin geschafft, von der Nadel wegzukommen, davon zeugten seine vernarbten Unterarme, und dafür hatte er meinen vollen Respekt. Doch dass er so dumm war, eine solch gutgemeinte Chance nicht zu nutzen, sich nicht an unsere Anweisungen hielt („beim Wintergarten darfst du nicht den Fadenschneider benutzen wegen der fliegenden Steine") und überhaupt merkwürdige Ansichten zum Besten gab („Ihr habt so viel und ich hab so nichts..."), das trübte unsere Zusammenarbeit. Als Marcel dann im Winter über die Feiertage einen gutbezahlten Job im Service in der Schweiz annahm, den Kühlschrank voller Lebensmittel vom Strom nahm und nach mehreren Wochen zurückkehrte, war der Kühlschrank nicht mehr zu retten (obwohl er voller Leben war...), die Dichtungen waren völlig schwarz verschimmelt und nicht mehr sauber zu kriegen und nach einer hilflosen Putzaktion von Marcel machte der arme Kühlschrank beim ersten Stromkontakt nur "Puff Funk Zisch" und segnete endgültig das Zeitliche.

Nun war es genug und Marcel musste ausziehen, natürlich blieben wir auf der Wintergartenscheibe, dem kaputten Kühlschrank und seinen Mietschulden sitzen. Ach ja, zerbrochene Krüge, alte verschimmelte Decken und grosse Plastikkanister mussten wir auch noch entsorgen: seine Hasch-Plantage hatte er eines Abends zerstört aufgefunden, die Jäger mussten sie entdeckt und kurzen Prozess gemacht haben. Wir haben nie mehr was von Marcel gehört, diesem tierliebenden und eigentlich netten Typen, der offensichtlich am Drögeler-Syndrom litt: gute Vorsätze, niedrige Frustrationstoleranz gepaart mit fehlender Selbstdisziplin, dazu noch die Unfähigkeit, eine gut gemeinte Chance zu packen und etwas daraus zu machen. Armer Marcel – was wohl aus ihm geworden ist?

Doch *DROUSIES* vermutlich gelegentliche Hasch-Zigarettlis scheinen einen eher positiven Einfluss zu haben, denn als ich in die Garage lugte, war ein grosser Teil wirklich bereits verräumt. Es geht also vorwärts, und nebst dem inzwischen reparierten Boiler-Malheur scheint alles zu funktionieren und keine weiteren Mängel zum Vorschein gekommen zu sein, was das Haus betrifft. Dass der Wind die Glastüren zuknallte weil sie den bereitgestellten Keil nicht untersetzten, weder das Eisentor noch die Fensterläden arretierten, im Haus rauchten und so parkten, dass wir nicht mehr raus fahren konnten, sei hier nur am Rande erwähnt, denn das ist eigentlich nichts Aussergewöhnliches, noch nicht mal französisch, sondern für uns fast schon Normalität, denn die meisten Menschen würden das so machen – ausser dem Rauchen vielleicht. Wir haben während den 14 Jahren mit vielen Ferienvermietungen so unsere Erfahrungen gesammelt.

14. August 2017

Nun ist es eine Woche her seit unser Druide mit *Cathérine* und Katze eingezogen ist. Manchmal sieht man ihn den ganzen Tag überhaupt nicht und
wir können nur aus Bemerkungen von *Cathérine* vermuten, dass seine Nerven zwischendurch doch blank liegen. Festnetz-Telefon und Internet funktionieren noch nicht, die vielen Möbel und vor allem nette originelle Kleinig-
keiten wie Töpfereien, Figuren und Bilder haben ihren Platz noch nicht gefunden, genauso wie *Michel* doch noch nicht ganz angekommen ist innerlich. Auch sein Auftrag für ein Modell eines Cockpit-Teiles kommt zeitlich
gesehen ungelegen; und doch ist er wichtig für ihn. So bleibt sein Körper
bisher vom kühlenden Poolwasser unbenetzt und Fragen zu den Haus-
Innereien und deren Funktionen sind noch nicht gestellt worden. Zwischendurch sieht man ihm an, dass er irgendwie erstarrt in diesem momentanen
Zustand von Nicht-Zuhause-Sein, das sich natürlich auch in seinen Launen
zeigt. Heute nun bemerkte er uns gegenüber seinen Zustand *je suis totale-
ment ras-le-bol...* und er fügte mit einem Seitenblick in *Cathérines* Richtung
hinzu, dass er sich ihr gegenüber nicht gut verhalten hatte deswegen und
dass sie doch nichts dafür könne, dass er so gestresst sei. Ich deutete fra-
gend auf seine Schürfung am Ellbogen – er klärte uns auf, dass er nachts
kein Licht gemacht hatte bei seinem Gang zum unteren Badezimmer und
die Treppe runtergefallen sei. Dass er geglaubt habe, im anderen Hausteil
zu sein und sich den Arm an der rauen Wand aufgeschürft habe. Ich sagte,
dass er doch ziemliches Glück gehabt hätte und er zuckte nur mit den
Schultern.

Als ich vor ein paar Tagen bei unserem Immobilienhändler vorbeischaute
um letzte Fragen zu klären, bemerkte dieser, dass nun, da *Monsieur
DROUSIE* sein Haus verkauft habe, eigentlich nichts mehr dazwischen kommen könne... *sauf un décès, mais ça ne m'est jamais arrivé...* und er klopfte
auf das Bürodesk aus Kunststofffurnier in Holz-Optik. Er gab auch zu verstehen, dass er noch nie einen solch merkwürdigen Käufer gehabt habe wie
Monsieur DROUSIE – und so viele Missverständnisse mit einem Käufer.
Schon früher hatte *Yoann* zu verstehen gegeben, dass *Michel* für ihn ein
äusserst suspektes Wesen war, ein *abruti* so nannte er ihn, *un sauvage*. Für

mich war *Michel* eher ein Alt-Hippie mit wenig Vertrauen in Menschen und ihre Machenschaften, andererseits kreativ, jedoch unberechenbar und von einer Minute auf die andere übellaunig und mühsam im Kontakt. Nicht auszumalen was wäre, wenn er sich des Nachts das Genick brechen würde – *Cathérine* war weder Ehefrau, auch nicht am Kauf beteiligt, noch war sie vermutlich erbberechtigt, wohnte jedoch schon hier. Die 3 Kinder von *Michel* hätten nichts am Hut mit *la clochette*, und wir hätten fast alle Möbel und Gerätschaften verkauft oder verschenkt und müssten wieder von vorne anfangen mit der Suche nach einem Käufer. Die Nerven von Martin lägen blank, die meinen ebenso, wenn ich auch bisher meist den Eindruck hatte, ich verkrafte das Ganze relativ gut... meistens.

Letzte Nacht jedoch hatte ich folgenden Traum:

Ich warte am Flughafen, bin früh dran. Einige Menschen zwinkern mir zu und sagen na, auch ein Rotelianer? Es sind ältere unspektakuläre Brillenträger mit Rucksack und Wanderschuhen, und sie haben recht, ich habe eine Reise mit Rotel (Rollendes Hotel) gebucht. Ich warte separiert von der Gruppe und lese Nachrichten auf meinem mobil, plötzlich bemerke ich dass alle nicht mehr da sind. Wo sind sie nur hin, wo ist das gate für den Abflug, haben sie mich vergessen? Die Zeit drängt – ich begebe mich zu einem Schalter und die Angestellte fragt: "Organisation? Destination?" Der Name Rotel kommt mir erst verzögert in den Sinn, und das Reiseziel ist mir entfallen... war es Schottland? Ja vermutlich Schottland... und ich krame in meiner Tasche nach dem Ticket und dem Pass, aber ich finde es nicht... so ein Mist - wo habe ich es nur hingesteckt! Bei all den Beutelchen in der Tasche und den Abteilen mit Reissverschlüssen und Knöpfen entwickelt sich das Ganze zu einer furchtbar peinlichen Auslegeordnung, und hinter mir bildet sich eine Schlange von irgendwelchen Flug-Passagieren. Die Schalterbeamtin sucht nach Rotel, nach Schottland, nach meinem Namen und sagt dann „oh, Ihr Flug geht in 30 Minuten, das reicht nicht mehr, tut mir leid". Ich bin sauer und bemängle die Professionalität und dass es so lange gedauert habe – da kommt eine Angestellte und meint: "Ah, da sind Sie ja! Kommen Sie, ich begleite Sie zum Flugzeug", und wir hasten durch Gänge, über Treppen, Lifte, Rolltreppen... bei einem Schalter müssen wir irgendwas vorwei-

sen, was ich immer noch nicht gefunden habe und ich halte viel Zeugs in den Händen aus meiner Tasche, furchtbarer Krimskrams, von dem ich nicht einmal mehr weiss was es ist. Die ältere Beamtin mustert mich und sagt vorwurfsvoll: „Ich erinnere mich an Sie – weshalb haben Sie heute Morgen gesagt das ist die langweiligste (oder war es die langwierigste?) Reise die ich je gemacht habe...?" Und ich stottere, dass ich mich nicht erinnere, aber dass es schon möglich sei, dass ich so was Ähnliches gesagt hätte. Bei mir dachte ich, dass ich vielleicht wieder mal eine Wortspielerei zum Besten gegeben habe und dass dies der Beamtin in den falschen Hals geraten sein könnte. Aber das Schlimme: ich konnte mich nicht mehr erinnern. Da kam mir ein furchtbarer Gedanke: Anna, du bekommst Alzheimer, das ist jetzt klar, das ist ja schrecklich .

Dann bin ich aufgewacht.

Meine mehrheitlich starken Nerven zeigen sich also doch recht strapaziert. In diesem Traum bin ich ziemlich desorientiert, weiss kaum mehr wer ich bin, wohin ich will, und in Anbetracht des Schlussspurtes gerate ich fast in Panik und es bleibt unklar, ob ich die Reise antreten kann oder ob es nicht zu klappen kommt... das sind deutliche Parallelen zu meiner jetzigen Situation so kurz vor dem Verkaufsabschluss und ich erinnere mich, dass ich zu Martin kürzlich gesagt hatte, dass die Zeit in den letzten Wochen noch nie so langsam verstrichen sei für mich. Und immer wieder hat es Zwischenstationen, die alles in Frage stellen können: Rücktrittsrecht von Michel von 11 Tagen, plötzliche Kehrtwendung dass er sein Haus doch nicht verkaufen möchte, das Warten auf die Bankbestätigung für die Finanzierung seines eigenen Käufers, Terminschwierigkeiten bei seinem Zügelunternehmen, das verfrühte Einziehen bevor er sein eigenes Haus überschrieben hat. Mit seinem getätigten Verkauf dachte ich, sei die letzte Schwelle vor unserem eigenen Verkauf genommen... doch es ist klar, unser Druide musste natürlich am Leben bleiben, um in einer Woche unterschreiben zu können, durfte sich bei nächtlichen Stürzen nicht das Genick brechen oder im Haschischrausch den Verstand verlieren. Und wie ein Damoklesschwert hängt über unseren zwei gemeinsamen Wochen noch die Möglichkeit, dass irgendwelche Geräte aussteigen könnten oder – noch schlimmer – ein Waldbrand ausbrechen oder *Michel* etwas zustossen könnte. Vielleicht sollte ich den Rat meiner Schwester Lena beherzigen: während dieser 2 Wochen sollte man *Michel* fesseln und knebeln, abfüllen mit Essen und Alk oder noch besser mit k.o.-Tropfen...

17. August 2017

Die Tage ziehen sich zähflüssig dahin. Liebe Freunde aus Deutschland, die jedes Jahr bei uns ihre Ferien verbracht hatten und denen es schwer fällt, dass wir verkaufen, kommen zu Besuch. Sie lieben Südfrankreich und suchen sich nun halt anderswo ein Feriendomizil, diesmal in der Nähe des *Mont Ventoux*. Wir verspeisen ein Dessert bestehend aus einem Kranz frischer Feigenschnitzchen, Mirabellencrème und Brombeeren – alles von unserem Terrain. In der Mitte thront jeweils aufrecht ein *petit Suisse* (das war eine Zeit lang ein Spitznamen für uns von französischen Nachbarn) und drauf grinsen zwei Haselnüsse von einem unserer Sträucher. Wir sitzen auf der *Mazet*-Terrasse und unterhalten uns prächtig, auch der inzwischen 12-jährige Paul kann sich an Vieles erinnern, was er hier erlebt hat. Und beim Sprung in den Pool, in dem er schwimmen gelernt hatte, ruft er begeistert das ist einfach der schönste Pool der ganzen Welt...! Vater Holger hat jeweils (und nicht nur!) bei Vollmond im *Mazet* fantastische Menus gekocht und auch wir waren jeweils eingeladen, und Martina hat uns immer mit ihrem ausgeglichenen geduldigen Wesen beeindruckt. Beim Abschied sprechen wir uns gegenseitig Mut zu und die feste Absicht, uns jedes Jahr zu treffen (das hatten wir bisher immerhin seit 16 Jahren geschafft). Oh ja, das werden wir tun, und es schwingt ein wenig Wehmut mit und Holgers Augen sind ganz wässerig. Ich bin glücklich, solch tolle Menschen kennengelernt zu haben... dank *la clochette*. Holger hatte gar die verwegene Idee, dass wir alle zusammen beim neuen Besitzer für Ferien anmieten könnten, falls er vermieten würde. Uns war allerdings klar, dass *Michel* nichts ferner lag als fremde Leute in seine Nähe zu lassen, trotzdem fragten wir spasseshalber nach... ein fast empörtes Kopfschütteln von *Michel* war die Reaktion und ich ergänzte in nicht ganz ernst gemeintem Verständnis, dass ja das

Mazet und das *Atélier* für Besuche seiner Kinder vorgesehen seien. Die Miene von *Cathérine* gab mir allerdings diskret zu verstehen, dass die Kinder nicht kommen würden. Oh je, unser geliebtes *Mazet*! Womöglich steht es die nächsten Jahre leer und für *Michels* Zwecke hätte an seiner Stelle gerade so gut ein trockener Busch oder eine Baracke stehen können! Nun ja, man sollte sich nicht an Materielles hängen und ich gebe mir Mühe, das *Mazet* nicht allzu sehr als Persönlichkeit zu betrachten, charmant, liebenswert und einzigartig. Die neuerlich durchgeführten Renovationen wie neues Dach, Ablaufvorrichtung in der Küche und Aussenabdichtung für zukünftige *épisodes cévenols* sollten das *Mazet* eigentlich überlebensfähig machen für die nächsten 15-20 Jahre, auch wenn es kaum mehr bewohnt sein sollte. Und was die Zukunft bringt, kann man sowieso nie sagen. Die Situation ist jedenfalls so wunderschön und dominant, dass sich sicher irgendwann wieder jemand in dieses Steinhaus verlieben und es zum verdienten Leben erwecken wird, da sind wir uns ganz sicher. In der Zwischenzeit geben wir es in die Obhut von *Sirona* , so haben wir eine stark verwitterte Frauenfigur genannt welche Martin erst vor kurzem neben dem *Mazet* hinter dichten Bäumen entdeckt hatte. Jemand musste sie auf den riesigen Baumstrunk gestellt haben, und dieser wiederum befindet sich nahe einer natürlichen kleinen Wasserquelle 20 Meter östlich vom *Mazet*.

20. August 2017

Unser letzter Sonntag im Mazet ist angebrochen. Wir haben auf der verglasten Veranda auf dem Sofa von *Michel* geschlafen, denn gestern ist unser Bett abgeholt worden. Wir konnten doch noch einiges verkaufen: den ausziehbaren Eichentisch mit 6 Stühlen, das Büchergestell, die *Débroussailleuse*, ein Velo mit Stossdämpfern, das französische Bett – und morgen wird der neue und nie angeschlossene Gusseisenofen abgeholt.

Die vergangene Nacht bot uns dann noch ein neues Spektakel, denn direkt neben der Terrasse hörten wir Tiere schmatzen, welche sich an den Haselnüssen gütlich taten. Es mussten grössere Exemplare gewesen sein, Wildschweine wahrscheinlich, in der Dunkelheit war nichts zu erkennen und wir wollten sie nicht mit einer Taschenlampe verscheuchen.

Michel Drousie scheint sich inzwischen erholt zu haben, er ist offen für Erklärungen, wirkt gelassener und macht Spässchen, zum Beispiel zu den *lauten Nachbarn* ... und meint seine Partnerin, die in offensichtlich aufgeräumter Stimmung sich zu Mozart-Symphonien auf der Terrasse entspannt. Bevor Martin und ich im Pool schwimmen wollen, bemerkt Michel eine ca. 60 cm lange Schlange im Wasser, welche ich dann – nicht zum ersten Mal – mit dem Netz heraushole und wir sind uns einig, dass es sich um eine *Couleuvre* also eine ungiftige Ringelnatter handeln musste. Martin bringt sie dann zum Bachbett am Rande unseres Grundstückes, wo es sowieso Schlangen hat, die zwischen den Steinen leben und die man allerdings nur selten sieht. *Michel* erzählt uns, dass er gestern in der Dämmerung die Wildschweine beobachten konnte, welche die Feigen und Äpfel mampften, welche wir nicht verwerten. Und er lässt sich über die Primitivität der meist jugendlichen Jäger aus, die vor allem saufen und nichts mehr mit der Kultur der früheren Jägerei zu tun hätten. Da er gerne Pilze sammelt, weiss er um ihre Gefährlichkeit und lässt sich auf keine Diskussionen mit diesen eigenmächtigen Typen ein. Wir denken, dass es offensichtliche Vorteile hat, dass unser Anwesen von einem Franzosen aus der Gegend erworben wird: kein Erstaunen über Schlangen und andere hier heimischen Tiere, und er hat Erfahrung mit der hiesigen Kultur und auch unangenehmen Angewohnheiten. Auch die unsorgfältig betonierte Zufahrt, die wilden Deponien im Wald und der bürokratische französische Schlendrian werden *Michel* nicht erstaunen, auch wenn es an seinen Nerven zehrt. *Michels* gute Phasen halten jeweils nicht allzu lange an, unser Wissen in dieser gemeinsamen Zeit anzuzapfen und sich damit vielleicht einiges zu ersparen bei späteren Arbeiten, hätte er viel umfassender in Anspruch nehmen können; so hätten wir ihm jederzeit die Grundstücksgrenzen zeigen können, den Verlauf von Abwasserrohren im Boden, die zweite Süsswasserquelle, die Abflussgräben für künftige Überschwemmungen und vieles mehr. Seine Aufmerksamkeitsspanne reichte für maximal EIN Thema, dann war die Luft nach kurzer Zeit draussen – immerhin konnte Martin die Wasserversorgung und den Betrieb des Pools zeigen und ihm zu verstehen geben, dass er jederzeit fragen könne, wenn er Lust und Zeit habe, wir wollten uns nicht aufdrängen, wohl wissend um *Michels* Bedürfnis nach Rückzug und Ruhe. Kaum war die Wasserversorgung erklärt, machte sich Michel daran, das Reservoir im Haus mittels der eigenen Bohrung zu bedienen und wir beteten innerlich, dass er in den verbleibenden zwei Tagen bis zum offiziellen Verkaufsabschluss nur ja keine Fehlmanipulation mit den Ventilen veranstaltete. Wären aus Unüberlegtheit nämlich beide Ventile geschlossen gewesen bei voll laufender Pumpe, würde diese womöglich blockieren und hopps gehen... und was es heissen würde, die Wasserpumpe aus 27 Metern Tiefe herauf zu holen bei den inzwischen eingedrückten Kunststoffrohren – das wollten wir uns lieber nicht vorstellen. Ganz zu schweigen von der Frage, wer denn jetzt das Ganze zu berappen hätte.

22. August 2017

Heute Nachmittag ist Termin beim *Notaire* in *LES VANS*. Wir hatten versucht, an alles zu denken, was notwendig war, um die Beendigung unserer Verpflichtungen beim Stromkonzern *EDF*, bei der Telefongesellschaft *ORANGE* und bei der Hausversicherung *SUISSE LIVE* anzukündigen; bei den *Taxes d'habitation* und *Taxes foncières* würde sich der Wechsel automatisch ergeben. Der Wasserzählerstand war notiert und die Übertragung auf *Michels* Namen als neuem Eigentümer haben wir bei der Rückfahrt vom Notar eingeplant direkt beim *syndicat des eaux* in *LES MAGES*. Bei der Telefonlinie war schon gestern nur noch ein Knacken zu hören, was wir als gutes Zeichen werten, und wir schliessen daraus, dass die Kündigung zur Kenntnis genommen ist. Das *Mazet* ist geputzt, die vielen Schlüssel der Häuser und Nebenräumlichkeiten haben wir in gekennzeichnete Couverts gesteckt, die Gebrauchsanleitungen für die diversen Haushaltsgeräte, Heizungen, Pumpen übersichtlich geordnet und wo nötig auf französisch gekennzeichnet. Auch eventuell interessierende Dokumente und Papiere, welche wir bereits vor 27 Jahren von den Vorbesitzern übernommen hatten, haben wir dazugelegt, denn wer weiss, vielleicht haben ja *Michel* und *Cathérine* irgendwann die Musse und Lust, die Geschichte dieses Ortes zurück zu verfolgen.

Die vermeintlich spärlichen Reste unserer 3 Haushalte, der Gartenuten-silien und vor allem der Werkstatt, welche wir mit in die Schweiz nehmen wollten, haben den VW Touran doch noch prall gefüllt und wir haben es immerhin geschafft, im Wohnmobil soweit Platz zu lassen, dass wir unsere Rückfahrt mit ein paar Übernachtungen geniessen können... ein kleines gemächliches Abschlussreisli durch Frankreich anstatt direkt und hastig in die Schweiz zu zischen. So wollten wir also mit beiden Autos gemütlich heimwärts tuckern, Martin im Wohnmobil und ich im VW Touran, direkt nach dem Notartermin.

Das allerletzte *au revoir* bei den direkten Nachbarn am Vormittag war – gelinde gesagt – teilweise schwierig. *Ken* der Amerikaner redete wie ein Wasserfall und verwickelte uns unbeholfen in banale Handwerkerfragen wie Befestigungsideen für windsichere Sonnenschirm-Verankerungen und dergleichen. Am Schluss war er unfähig für eine wirkliche Umarmung und wir sind sicher, dass dies ein Versuch war, seine Emotionen im Griff behalten zu können. Tief bewegt hat mich der Abschied von *Bruno*, dem aus der Gegend stammenden ein wenig eigensinnigen und eher schüchternen Franzosen, mit dem wir seit 27 Jahren freundschaftlich verbunden sind und der uns von Anfang an – zusammen mit seiner leider inzwischen verstorbenen Frau *Edith* – Stütze und Ansprechpartner war. Da half es auch nicht, dass unser Weggang schon seit vielen Wochen bekannt war, *Bruno* brachte kein Wort mehr heraus und weinte.

Die Partnerin von *Michel, Cathérine,* hatte sich schon gestern sehr freundschaftlich von uns verabschiedet, da sie sich zu ihren (erwachsenen) Kindern verzog, welche sie für ein paar Tage besuchen wollte. *Yoann* holt Martin und mich in seinem schwarzen Peugeot 3008 pünktlich ab, wir übergeben in seinem Beisein die Schlüssel an *Michel DROUSIE,* der uns mit seinem Wagen bis *LES VANS* folgen sollte. *Yoann* und wir fahren schon mal los, *Michel* wollte die Schlüssel noch ins Haus bringen und direkt nachkommen. Doch *Michel* war nicht zu sehen... wir warteten lange Minuten unten an der Zufahrtsstrasse und *Yoann* begann nervös pausenlos in den Rückspiegel zu starren. Warum kam er nicht? Lag er mit gebrochenem Bein vor dem

Am Schluss noch die zwei Stiefel in die letzten Lücken gesteckt - sehr erstaunte Blicke waren uns gewiss, wenn wir unterwegs beim Rasten die Heckklappe öffneten. Meine Handbewegung (wortlos strich ich mit der Hand zackig quer über meine Kehle) trug nicht gerade zur Beruhigung bei.

Haus? Hatte er eine Amnesie erlitten und uns vergessen? Oder drehte er sich ein Hasch-Zigarettchen und dachte für sich "die können mich mal" ??? Dann endlich - nach einer gefühlten Ewigkeit - taucht sein weisser Dacia Duster endlich auf...

Beim Notar dann wird der aufgesetzte Verkaufsvertrag nochmals erläutert, werden offene Fragen geklärt, für alle gut sichtbar an die Wand projiziert. Potenziell heikle Punkte sind zum Glück schnell besprochen, da ja die beiden Liegenschaften und das später erworbene Stück Land, damals als 3 separate Verkaufsakte, nun vom selben Besitzer übernommen werden. Gemeinsame Zufahrt, gemeinsam genutzte unterirdische Leitungen für Abwasser oder Grenzabstände wegen bestehender Fenster am neuen Atelier... alles ist nun kein Gegenstand mehr für Diskussionen. Das Ganze geht problemlos und ohne Schwierigkeiten über die Bühne und nach 45 Minuten sind wir schon wieder draussen, ein wenig benommen irgendwie, und bei einem kühlen Getränk besiegeln wir anschliessend das Ganze in recht aufgeräumter Stimmung. *Yohann* muss zu einem nächsten Termin, und *Michel* nimmt uns in seinem Wagen zurück Richtung *SAINT JEAN DE VALERISCLE*. Mit der notariellen Verkaufsbestätigung in Händen können wir die Frage der Wasser-Übergabe wie vorgesehen gemeinsam auf dem Amt in *LES MAGES* erledigen. *Michel* erdreistet sich zwar noch, die Frage der Kostenübernahme aufzuwerfen, falls er die Absicht hätte, die bestehenden zwei separaten Wasserzähler für Haupthaus und *Mazet* zu einem einzigen zusammenlegen zu lassen. Martin brauchte kein Wort zu sagen – sein Blick sprach Bände, und *Michel* liess das Thema fallen. *Michel* war überhaupt irgendwie missgelaunt, und Martin meinte später, dass er vielleicht schnell mit den übergebenen Mazet-Schlüsseln hoch gegangen sei, während wir auf ihn warteten, um nachzuschauen, wie es aussieht... ob wir die Küche wirklich wie abgemacht voll eingerichtet mit allen Geräten zurückgelassen hätten. Nichts anderes hatten wir vereinbart. Seine Übellaunigkeit war vielleicht auf der Tatsache begründet, dass wir die restlichen Möbel und die Waschmaschine verkaufen konnten... entgegen seiner Vorstellung.

Nun sei's drum. Nach einer kurzen Verabschiedung ist es soweit, kurz und bündig, emotionslos irgendwie. Für allfällige Rückfragen hat *Michel* unsere

Koordinaten und wir ermuntern ihn, uns jederzeit bei Schwierigkeiten zu kontaktieren.

Wir drehen die Zündschlüssel und fahren los, hinein in den immer noch heissen südfranzösischen Spätnachmittag dieses 22. August 2017. Wir schauen nicht zurück, vor uns liegt ein wundervolles Land mit meist charmanten Menschen, wilden Schluchten, fantastischer Natur, romantischen verwinkelten Dörfern und familiären Restaurants; ein Land, in dem das günstigste Getränk ein Glas Landwein ist.

Vive la France! Vive la liberté!